HISTOIRE ABRÉGÉE DE LA LÉGISLATION

SUR LA

PROPRIÉTÉ LITTÉRAIRE AVANT 1789

PAR

M.-F. MALAPERT

Professeur au Conservatoire des Arts-et-Métiers.

Extrait du JOURNAL DES ÉCONOMISTES

PARIS

LIBRAIRIE GUILLAUMIN ET C°,

Éditeurs du Journal des Économistes, de la Collection des principaux Économistes,
du Dictionnaire de l'Économie politique, du Dictionnaire universel du Commerce et de la Navigation, etc.

14, RUE RICHELIEU, 14

1881

HISTOIRE ABRÉGÉE DE LA LÉGISLATION

SUR LA

PROPRIÉTÉ LITTÉRAIRE AVANT 1789

HISTOIRE ABRÉGÉE DE LA LÉGISLATION

SUR LA

PROPRIÉTÉ LITTÉRAIRE AVANT 1789

PAR

M.-F. MALAPERT

Professeur au Conservatoire des Arts-et-Métiers.

Extrait du JOURNAL DES ÉCONOMISTES

PARIS

LIBRAIRIE GUILLAUMIN ET Cᵉ,

Éditeurs du Journal des Économistes, de la Collection des principaux Économistes,
du Dictionnaire de l'Économie politique, du Dictionnaire universel du Commerce et de la Navigation, etc.

14, RUE RICHELIEU, 14

1881

HISTOIRE ABRÉGÉE DE LA LÉGISLATION

SUR LA

PROPRIÉTÉ LITTÉRAIRE AVANT 1789

(Extrait du *Journal des Économistes*.

§ I. — VRAI CARACTÈRE DE LA QUESTION.

La mode est toujours de parler de la propriété littéraire, des droits imprescriptibles des auteurs sur leurs livres. Le public reste trop indifférent à ces questions dont on se garde bien de lui donner le véritable sens. Elles sont agitées dans un mode d'intéressés directs, dont les uns se disent producteurs et gratifient volontiers les autres de piètres contrefacteurs. Les noms de pirates littéraires, de contrebandiers, de flibustiers, de corsaires de la littérature, sont des aménités quotidiennement adressées à quiconque ne veut pas admettre les théories des partisans de la propriété des auteurs, ou plutôt des éditeurs. Nous montrerons, à la fin de cette étude, quelle est la portée de ces théories; cependant nous devons tout d'abord expliquer ce dont il s'agit, car il convient d'éviter les équivoques. Jamais on n'a refusé à un écrivain le droit de garder ses écrits; il ne s'agit donc pas de savoir s'il faut les lui prendre. Mais les auteurs prétendent avoir seuls le droit d'imprimer, de réciter ce qu'ils ont publié. Bientôt ils soutiendront qu'il faudra leur payer une redevance pour avoir songé silencieusement à un mot, à un trait, à un jeu d'esprit qu'ils auront mis dans une de leurs pages. Leurs adversaires ne leur refusent point la faculté de faire seuls, pendant leur existence, la reproduction de leurs œuvres. Il y a, pour qu'il en soit ainsi, des raisons diverses; notamment il faut admettre les corrections et le repentir, et respecter chez les vieillards le regret d'avoir écrit certaines choses et le désir d'en effacer la trace. Ainsi le Tasse a

pu travestir la *Jérusalem délivrée*, et tel autre améliorer un poëme.
Nous nous soumettons à cette opinion et nous ne discutons pas si
elle vient plus d'un sentiment que d'un raisonnement juste. On
s'est donc mis d'accord sur les droits de l'auteur pendant sa vie ;
on est allé plus loin : la plupart des partisans de la liberté des
transactions et du travail accordent à l'époux survivant d'un auteur
et à ses héritiers directs le pouvoir d'empêcher la reproduction
des œuvres du décédé. Ces concessions à certains appétits semblent considérables, mais il paraît qu'elles ne suffisent pas. Des
auteurs veulent exercer ce monopole pendant leur vie et l'éternité.
Par ce moyen, disent-ils, ils vendent plus cher les produits de
leurs veilles. Il se rencontre de par le monde des gens qui croient
à ces futurs bénéfices. Une saine appréciation de ce qui se passe
aurait dû dissiper les erreurs. Des lois relativement récentes ont
porté la durée des droits des auteurs au delà de la vie de trois générations ; nul n'en a profité, le public seul y a perdu. On ne paye
pas les écrivains plus cher aujourd'hui qu'on ne le faisait avant les
lois nouvelles. Ils sont forcés, comme ils l'étaient avant, pour
avoir des éditeurs, de vendre leurs droits pour le présent et l'avenir, exactement comme autrefois.

Au siècle dernier, on avait remarqué avec une sorte d'indigna-
tion que les héritiers du fameux Barbin, éditeur de Boileau et des
autres beaux esprits de l'époque, étaient devenus marquis et rou-
laient dans des carrosses dorés, pendant que les petites filles de La Fontaine étaient dans la misère. Le Conseil du roi fut ému du sort de
ces pauvres femmes. Un privilège leur fut, en 1761, accordé pour
la reproduction des œuvres de leur aïeul. Les représentants de
Barbin, qui étaient membres d'une des compagnies appelées *les
libraires associés*, formées par les principaux éditeurs de Paris, atta-
quèrent le nouveau privilège devant le Parlement. Là, en 1764,
armés des contrats passés par Barbin avec le fabuliste, ils firent
décider que le privilège des petites-filles de La Fontaine devait
être déclaré nul et non avenu.

Malgré cet exemple et d'autres encore de la ténacité des éditeurs,
les écrivains continuent à leur céder leurs ouvrages pour le présent et pour l'avenir ; ils continuent aussi leur campagne afin
d'obtenir un monopole exclusif perpétuel. La Société des gens de
lettres se mêle de la question et, sans savoir pourquoi, prend parti
pour les éditeurs.

Il y a peu d'intéressés, nous le répétons, à cette extension des
droits, dits de propriété littéraire. Tous les ouvrages de science,
par exemple, sont vieillis en quelques années. Peu d'hommes en
ont écrit autant que Linné, le plus grand des naturalistes ; nul (ne

songe aux œuvres de ce maître; c'est à peine si l'on se souvient de Tournefort et de Candolle, ses glorieux continuateurs. Dans la physique, les traités d'il y a vingt ans sont oubliés; dans la médecine, dans la jurisprudence, les écrits les plus savants durent à peine pendant la vie de la génération qui les a produits. Dans la chimie, Fourcroy, Thénard ont été des maîtres par le style autant que par le savoir; on ne les lit plus. Il reste les conteurs, les dramaturges et les poètes, dont les œuvres doivent conserver leur forme sous peine de ne plus être.

Beaucoup d'écrivains dans ces genres ont la prétention d'être lus pendant l'éternité, mais presque tous emportent leur gloire dans la tombe; car c'est pitié que de voir combien peu sont cités après leur mort. Est-ce donc pour trois ou quatre hommes de chaque siècle qu'il convient de rompre l'unité de nos lois? Est-ce pour ces rares personnages qu'il faut créer une sorte de droit divin, en vertu duquel on enchaînera la liberté des populations.

L'histoire de la législation en cette matière est très singulière; ce n'est que depuis 1777 qu'il y est parlé des droits des auteurs. Tous les documents antérieurs ne portent que sur les droits exclusifs qui appartenaient aux libraires privilégiés. Jamais personne encore n'a envisagé l'ensemble de la question, en marquant la marche des idées. C'est une lacune à combler; j'entreprends de le faire, parce que, dégagé de passion dans un sens ou dans un autre, j'ai la certitude de faire la reproduction exacte des phases réelles par où l'on est passé pour arriver jusqu'à nous.

Ces études rétrospectives ont une grande utilité, parce qu'elles montrent comment les idées se développent, ce qui permet de juger le dernier état des choses et de prévoir quelles en seront les conséquences.

§ 2. — DE L'ANCIENNETÉ DES ŒUVRES DE L'ESPRIT, DU MOYEN DE LES CONSERVER.

Il y a longtemps que les hommes ont voulu pour la première fois écrire leurs impressions. Cela remonte si haut qu'il y aurait folie d'en chercher l'origine. Les écrits se conservèrent probablement d'abord dans les familles des auteurs; puis les riches et les chefs des peuples songèrent à en devenir possesseurs. On rapporte que la première bibliothèque a été créée à Thèbes, en Egypte, deux mille ans avant notre ère, par le roi Osymandias. On dit encore que Pisistrate avait fondé une bibliothèque publique à Athènes. Elle aurait été fort considérable à l'époque de la première guerre médique. Xercès s'en empara et l'emporta dans sa capitale.

Elle fut reconstituée après le retour des Athéniens dans leurs murailles. Les ouvrages mêmes qui avaient été emportés en Perse revinrent après la conquête de l'Orient par Alexandre; Séleucus Nicanor les rendit aux Athéniens. Il était dans la destinée de cette bibliothèque de changer souvent de maîtres. Sylla l'apporta à Rome, où déjà depuis 80 ans, Paul Emile avait transféré la bibliothèque de Persée. Mais dès avant Paul Emile il y avait eu des bibliothèques à Rome. Polybe en avait certainement une, car il parle de la nécessité de contrôler les auteurs les uns par les autres.

Les anciens avaient eu aussi, depuis les temps les plus reculés, des archives pour y conserver les lois, les traités internationaux, les matrices cadastrales, les plans des terres, les actes relatifs à la transmission des propriétés et ceux qui prouvaient l'état civil des personnes. Les Etrusques avaient, dit-on, des archives 500 ans avant la fondation de Rome. La république romaine, qui reçut les lois et les mœurs des Etrusques, eut de pareils dépôts longtemps avant les âges véritablement historiques. C'est là que Polybe avait vu et copié le premier traité fait entre Rome et Carthage. L'usage d'avoir des archives était-il pratiqué en Grèce? Je le crois, car le mot est dans la quatrième des philippiques de Démosthènes. Si 'on n'avait pas eu cette source d'information, nous ne comprendrions guère comment Hérodote, Thucydide, Pausanias et les autres anciens auraient pu se renseigner sur la généalogie des personnages dont ils citent les faits et gestes, en commençant presque toujours par nous dire si les héros de leurs récits étaient Pélopides, Héraclides, etc., etc.

Revenons en Italie. Cicéron nous raconte que les archives d'Héraclée ont été incendiées pendant la guerre sociale; ainsi avait disparu, disait-il, la preuve que le poëte Archias avait le droit de se dire citoyen romain.

Tant de soins pour conserver les souvenirs du passé montrent que les anciens avaient un culte pour les compositions de l'intelligence. C'était un culte raisonné. L'orateur qui contestait à Archias son droit de cité dans Rome, avait raillé Cicéron sur ses fréquentations avec le poëte. La réponse est demeurée célèbre. « Tu me demandes, dit-il, pourquoi nous sommes tant charmés par cet homme? Parce qu'il nous réconforte lorsque notre esprit se ressent du bruit du Forum et que nos oreilles fatiguées se reposent d'entendre des injures. Crois-tu qu'il nous serait possible de calculer ce que nous avons à dire tous les jours, si nous ne cultivions nos esprits, et penses-tu qu'ils pourraient porter cette contention, s'ils ne se reposaient dans la science? J'avoue que je suis adonné à ces études. Que ceux-là en rougissent qui se sont cachés sous les lettres, d'où ils ne pourront rien apporter pour le bien public, montrer à la lumière ou aux regards. Mais pourquoi donc en rougirais-je, moi qui dans aucun temps ne me suis jamais refusé de servir quelqu'un afin de sauvegarder mon intérêt ou mon repos, qui ne me suis jamais laissé détourner pour un plaisir ou retarder par le sommeil. »

Ce passage de Cicéron est trop semblable peut-être à une apologie pour mériter, à lui seul, une confiance absolue ; mais j'ai la conscience que l'idée était juste, que l'expression en était bonne. Disons encore que le même thème a été repris par saint Basile dans une homélie fameuse, adressée aux jeunes gens, pour leur montrer l'utilité qu'ils peuvent retirer de la lecture des auteurs profanes. Il disait qu'il fallait lire avec discernement, rappelait que tous les animaux jouissent du parfum et de la couleur des fleurs, tandis que les abeilles y prennent leur miel. Il ajoutait plus loin, en citant Hésiode, que l'esprit est comme les fleuves qui se grossissent par les eaux des ruisseaux.

Erasme a, à son tour, complété les dires de Cicéron et de Saint-Basile, en faisant un petit traité sur la raison de rassembler des exemples. Le sage Mélanchton s'est joint à ces grands prédécesseurs, en rédigeant une sorte d'instruction sur ces aphorismes que l'on peut mettre partout, et auxquels les rhétoriciens ont donné le nom de lieux-communs. Si je passais plus outre, je trouverais sur mon chemin Fénelon dans plusieurs de ses écrits et je citerais un traité complet des études, lu à l'académie de Sainte-Croix d'Orléans, par le célèbre évêque Dupanloup. Ainsi s'est perpétué l'amour des lettres, sans qu'il y ait eu de lacunes, depuis les temps les plus reculés jusqu'à ce jour.

§ 3. — COMMENT ON REPRODUISAIT LES ÉCRITS CHEZ LES ANCIENS.

Il y eut, dès les plus anciens âges, des hommes dont la profession était de reproduire les actes publics ou privés. Les scribes de l'ancienne Égypte étaient au premier rang de la caste sacerdotale. Ils étaient à Carthage au nombre des officiers publics ; les lois d'Athènes mentionnent leurs attributions. Les scribes étaient aussi fort respectés en Etrurie. Lorsque Mucius Scœvola vint dans le camp de Porsenna, pour assassiner cet ennemi de Rome, il frappa le personnage qui était assis auprès du roi, parce qu'il ne sut pas le distinguer d'avec celui qu'il avait dessein de tuer. Sa victime était le scribe royal ; les ornements du souverain et ceux de son secrétaire étaient également remarquables, comme il était convenable pour la dignité de chacun d'eux. Rentrons encore à Rome. Cnæus Flavius, scribe d'Appius Claudius, qui fit la voie Appienne et d'autres grands ouvrages, est célèbre par ses écrits sur la jurisprudence. Il leur dut d'être élevé aux plus grands honneurs plébéiens. Les scribes de Rome étaient organisés en décuries. Jacques Godefroi a supposé que ces décuries étaient composées tout à la fois des scribes des magistrats et de ceux qui faisaient des livres et étaient pour cela appelés libraires, *librarii*. Les vendeurs de livres n'étaient pas des libraires, ils étaient des *bibliopoles*. M. Dezobry, dans son bel ouvrage, intitulé Rome au siècle d'Auguste, nous a conduits dans un atelier de copistes; mais il n'a pas su distinguer entre le maître, libraire reconnu, et ses employés. Un scribe avait une officine où il avait des subordonnés, simples commis, qui écrivaient sous sa dictée. Ne cherchez pas les scribes ou libraires dans les corporations d'arts et métiers, vous ne les y trouveriez pas. Ils étaient et sont toujours restés dans un ordre plus élevé de la hiérarchie sociale. Ils avaient seuls, avec les membres des autres corporations vouées aux œuvres de l'intelligence, le droit d'arriver à certaines charges auxquelles les artisans ne pouvaient pas prétendre. Ils prêtaient serment de faire des copies exactes, on les punissait s'ils modifiaient leurs modèles. La glose nous apprend que s'ils avaient vendu un livre défectueux, l'acquéreur avait le droit d'exercer une action en résolution de la vente. Remarquons que leurs copies avaient une certaine authenticité. Ils étaient donc revêtus d'un caractère public. C'est pourquoi Justinien, dans deux constitutions, a prononcé des peines contre ceux qui, reproduisant ses livres de droit, se serviraient de sigles ou abréviations.

§ 4. — DES LIBRAIRES ET ÉCRIVAINS DE L'ANCIENNE FRANCE.

J'ai toujours pensé que les lois des Romains étaient l'unique source de notre jurisprudence. Ainsi, lorsque j'ai besoin de compléter les renseignements que nous avons dans nos classiques ou dans les textes des divers codes, j'étudie nos anciens usages. Si nous n'avons pas de données complètes, cependant nous en retrouverons quelques-unes qui nous rappelleront ce que nous venons de voir et nous conduiront jusqu'à l'époque de l'imprimerie. Les Capitulaires ne donnent pas grand chose. Cependant, nous voyons qu'il y est ordonné aux libraires de choisir des copistes capables, et de prendre des hommes sérieux, non des enfants.

Puis les renseignements nous font défaut, bien que le commerce des livres n'ait jamais cessé. Les renseignements manquent surtout sur les scribes organisés en corporation; car nous savons que dans

certaines grandes abbayes on avait des ateliers de copistes, mais
je n'oserais prétendre que ces hommes ont eu le caractère d'officiers publics. Les premières indications que nous avons sur les
copistes engagés dans une corporation sont de l'année 1275. Elles
nous montrent que les libraires vivaient sous l'autorité et la protection de l'Université de Paris. Tout livre apporté du dehors
pour être vendu devait être soumis aux délégués de l'université,
par qui il était vu, visité et taxé pour la vente. Le prix de ces
ouvrages, comme celui de ceux qui étaient fabriqués par les
scribes de l'université, était aussitôt inscrit sur une bande de
parchemin, signée par le recteur. Alors les livres étaient mis à
l'étalage, derrière les vitres de la fenêtre du marchand, la bande
de parchemin étant en évidence. Une délibération de l'assemblée
du jour de la lune d'avant la fête du Bienheureux Saint-Michel,
archange, de l'année 1323, nous fait connaître que le soin de
visiter les livres était remis à quatre libraires maîtres jurés. Les
exemplaires fautifs devaient être saisis et portés publiquement
devant le recteur et les procureurs de l'université, qui y faisaient
faire les corrections nécessaires. Mais le mot *libraire* avait alors
perdu son ancienne signification ; car ceux à qui on en donnait le
titre étaient les vendeurs de livres. Ils étaient au nombre de 24 et
avaient avec eux deux *écrivains*, deux enlumineurs, deux relieurs, etc.
Par conséquent, en ce temps-là, les marchands de livres avaient
conquis le nom de libraires, et les scribes étaient devenus des
écrivains, *scriptores*. Celui qui voulait être admis dans la corporation des libraires se soumettait à la juridiction de la cour du Parlement. Il présentait des cautions qui répondaient de lui et promettait d'habiter sur le territoire de l'université. L'université agréait
ou refusait le postulant qui, après avoir été accepté, se retirait par
devers le prévôt de Paris, pour faire homologuer la délibération
de l'université. Nous avons des lettres patentes du prévôt Hugues
Aubriot, portant homologation de pareilles nominations.

M. Dezobry, à la suite de plusieurs historiens, a essayé de nous
représenter les ateliers de copistes des anciens. Là, dit-il, les
hommes, groupés autour d'un encrier, écrivaient sur leurs genoux
ce qui leur était dicté. C'est ainsi que Cicéron put avoir assez
d'exemplaires de ses réquisitoires contre Catilina pour en inonder
l'Italie. C'est aussi par ces entreprises que l'on pouvait faire
d'énormes quantités de comptes rendus des séances du Sénat ou
des assemblées du peuple, et que l'on put arriver à publier le
journal officiel de l'empire des Césars. La tachygraphie, à laquelle
nous donnons aujourd'hui le nom de sténographie, recueillait les
discours, et, pour ne pas sortir de notre exemple, la réponse de

Caton à César, sur l'affaire de Céthégus et Lentulus, fut ainsi reproduite et transmise aux diverses municipalités avec toutes les pièces que Cicéron jugea à propos de publier. On sténographiait aussi les séances des tribunaux dans les causes importantes; les plaidoyers de Quintilien furent recueillis par ce moyen pour être vendus.

Au xiv° siècle, époque où l'instruction commençait à revenir en honneur, les ateliers des deux scribes jurés de la faculté devaient ressembler beaucoup à ceux des scribes incorporés dans les décuries de la ville de Rome. Je me représente facilement de grandes salles, autour desquelles étaient de longues tables, sur lesquelles écrivaient des employés à qui l'un d'entre eux faisait la dictée. Les écrivains qui préparaient les manuscrits de prix pour les enlumineurs pouvaient avoir des places particulières.

§ 5. — L'IMPRIMERIE.

On avait déjà, dès le xv° siècle, à diverses reprises, essayé d'imprimer des livres de classes ou d'église à l'aide de planches de bois sculptées et gravées. Le travail était pénible, coûteux et lent; il ne pouvait devenir une concurrence à celui des écrivains. Mais on apprit, vers le milieu du xv° siècle, que l'on venait de trouver le moyen de faire des caractères mobiles avec lesquels on allait faire la reproduction des écrits. On sut alors à Paris que les essais, vainement tentés à Strasbourg, en 1438 et 1439, avaient réussi, vers 1454, à Mayence. L'université de Paris s'en émut en 1458 et années suivantes. Elle tint alors assemblées générales sur assemblées générales pour modifier la condition des libraires, donner de nouveaux statuts à leur corporation et même faire traduire les anciens règlements du latin en français (1465).

C'est en 1470 que l'on fit venir trois ouvriers de Mayence pour établir une imprimerie à Paris; beaucoup d'autres pays nous avaient devancés. Les trois ouvriers mayençais, Ulric Géring, Martin Krantz et Michel Friburger furent associés; après 1471, l'un d'eux, Michel Friburger, ne faisait plus partie de l'association; enfin, Géring resta seul. Il n'y avait eu qu'une imprimerie pour les trois, Géring la conserva.

On m'excusera d'ouvrir ici une parenthèse. L'art de l'imprimerie avait multiplié les livres au point que Mayence en faisait des expéditions considérables. On en vendait partout, malgré les règlements des corporations et le monopole des libraires. C'est encore une fois que l'université n'avait pas de droits en dehors de son territoire. Si donc des livres étaient envoyés à Paris, on les apportait aux libraires-jurés ou on les conservait dans des endroits privilégiés, hors des lieux sur lesquels s'exerçait le pouvoir de l'université. Dans ce dernier cas, les possesseurs, marchands ou autres les vendaient, sans être astreints à aucune formalité. Dans le premier, au contraire, les livres étaient remis à la chambre syndicale des libraires, pour y être vus, visités et taxés avant d'être offerts en vente dans le quartier des écoles. Les libraires jurés avaient un droit de préemption, qu'ils n'exerçaient pas toujours, de telle sorte que souvent les imprimés restaient pour compte de l'expéditeur entre les mains de son représentant, qui les remportait où le commerce était libre, pour les revendre, s'il le pouvait, directement au public.

En 1475, le dépositaire des livres envoyés de Mayence à Paris vint à mourir. Sa succession fut dévolue au roi. Ce dépositaire étant étranger, ses livres appartenaient à la couronne. Louis XI renonça à se prévaloir de son droit d'aubaine. Tour à tour Charles VIII, Louis XII et François Ier ont aimé à vanter l'imprimerie, qu'ils décoraient du nom d'art divin, pour lequel ils n'avaient pas assez d'éloges et de faveurs. Ils furent pour elle aussi bienveillants que l'a été Louis XI.

Nous ne savons point comment avait été réglée la situation des ouvriers mayençais qui avaient ouvert la première imprimerie. Je pense qu'on leur avait donné la maîtrise de l'un des copistes de l'université; mais c'est une conjecture. Elle se fonde, au surplus, sur une publication faite en 1652 par l'université, dans laquelle les imprimeurs sont assimilés aux anciens écrivains. J'ajouterai qu'en 1378, Etienne L'Angevin, *scriptor*, fut fait libraire, et, qu'en 1538, le célèbre *imprimeur* Kerver fut élevé au même rang de libraire.

Etienne L'Angevin et Kerver avaient donc changé de condition, et certainement amélioré leur sort, en obtenant de devenir libraires. En effet, les libraires proprement dits avaient conservé leur importance relative dans leur corporation, malgré l'invention de l'imprimerie. Nous trouvons cette preuve dans un édit de Charles VIII du mois de mars 1488, par lequel le roi confirmait et remettait en vigueur une ordonnance de Charles VI, datée du 11 janvier 1383, dans laquelle les libraires étaient distingués des écrivains.

Cependant, je vois que les imprimeurs ont été spécialement nommés en 1521. Ils furent alors convoqués à assister à une assemblée générale de l'université, leur mère et leur protectrice. C'était une chose importante que cette protection, mais elle avait des côtés bien gênants. Les suppôts de l'Université devaient se soumettre à toutes les règles qu'on voulait leur imposer. La moindre était l'obligation d'habiter la rive gauche de la Seine, dans le territoire soumis à la juridiction de cette corporation enseignante, si haut placée dans l'opinion, qu'on l'appelait la fille aînée des rois de France.

§ 6. — ORIGINES DE LA PROPRIÉTÉ LITTÉRAIRE.

Les auteurs ont toujours eu le droit de garder ou de vendre les livres qu'ils avaient écrits. Les acheteurs ont par conséquent toujours eu le droit de faire de leur acquisition ce que bon leur semblait. Quand ils cherchaient eux-mêmes la renommée, ils s'emparaient des manuscrits pour s'attribuer la gloire de ce qu'ils y avaient trouvé. Platon paya d'un prix énorme les livres du pythagoricien Philolaüs, dont il reproduisit les théories dans le Timée. Aristote de même a acheté et reproduit les idées de Speusippe dont il avait acheté les manuscrits. Des hommes moins instruits achetaient les livres rares, les anciennes éditions, pour faire une sorte de musée. C'était un goût fort à la mode au temps de Lucien, qui raille ceux qui l'avaient. Mais ces acquisitions faites par des particuliers n'ont rien de commun avec ce que nous appelons la propriété littéraire, qui est le droit accordé à quelqu'un d'empêcher autrui de reproduire un livre. Cependant, ce privilège remonte à la plus haute antiquité. Je crois qu'il était sanctionné par les lois d'Athènes et de Sparte. L'opinion de tous les spécialistes est contraire à la mienne. Il est vrai que ces gens vivent de [peu et n'y voient guère, mais ils ont pour eux un professeur, M. Caillemer, qui a nié que la propriété littéraire ait existé chez les Athéniens. Ce sentiment se trouve dans un recueil de dissertations que l'auteur a lues à l'académie Delphiniale en 1866. M. Caillemer rappelait cependant qu'Athènes fabriquait des livres en grand nombre et était un marché considérable pour la librairie où l'on venait faire des acquisitions qui devaient approvisionner le monde civilisé. Puis les navires repartaient et conduisaient leur cargaison dans le pays où le débit était probable. Les mers de la Grèce sont mauvaises; les naufrages y sont fréquents. Lorsqu'en ce temps un navire périssait, c'était fête pour les habitants des côtes qui réduisaient les navigateurs en esclavage et qui volaient les épaves. Ainsi, M. Caillemer le rappelle, Xénophon, en arrivant dans la ville de Salmydesse (en Thrace), y trouva un grand nombre de livres provenant de ces pillages. Le même M. Caillemer parle des copistes d'Athènes et des libraires. Il remarque avec juste raison que les deux professions devaient être séparées. Pollux, dans son dictionnaire, que l'on désigne sous le nom d'Onomasticon, parle des marchands de livres appelés *Bibliopoles* et des Scribes dits bibliographes. M. Caillemer dit qu'il ignore s'il y avait des cabinets de lecture à Athènes ; cependant il pense que parfois les librairies en tenaient lieu. Je crois que l'idée ingénieuse de cet auteur n'est pas absolument fondée. En tout temps les maisons des libraires intelligents ont été un lieu de rencontre pour les lettrés. Il affirme que jamais alors un écrivain n'aurait trouvé d'éditeur parce qu'il aurait été impossible d'éviter les contrefaçons. Je crois que M. Caillemer a mal vu. Il suffit, pour s'en convaincre, de se rappeler que les arts et métiers étaient organisés à Athènes en corporations privilégiées ayant des réglementations. Ces associations étaient formées de gens liés par des serments, ayant des cérémonies religieuses qui leur étaient communes. La première règle qui leur était imposée devait certainement être de ne pas se faire une concurrence déloyale. Or, pour un corps *restreint et privilégié*, la déloyauté la plus évidente aurait été dans la reproduction d'un ouvrage qu'un autre aurait édité.

Venons dans l'univers romain, où nous aurons des renseignements nombreux et positifs.

Les scribes formaient à Rome une corporation puissante; mais, malgré ses prétentions et ses droits, c'était une corporation quoiqu'elle se divisât en décuries, au lieu de *corps* et *universités*, comme les arts manuels. Ainsi que les membres de ces dernières associations, les scribes étaient soumis à l'autorité du préfet de la ville.

Je ne l'ai point lu, cependant je suis certain que celui qui publiait un ouvrage en avait obtenu l'autorisation, car la censure existait : Dion Cassius le dit à propos des journaux. Notre conjecture nous amène à celle-ci, que le droit de copie était réservé au premier éditeur pour un temps que fixait le préfet en permettant de faire une édition.

Le poète Martial nous donne sur la manière dont se passaient les choses des renseignements très précieux. On peut trouver presque dans tous les livres des épigrammes quelques indications. On verra, outre l'envoi d'autographes à de puissants protecteurs, des envois de ses œuvres à son libraire. Son premier livre se vendit d'abord chez Quintus Pollius Valerianus; le prix en était de cinq deniers. Martial ne dédaignait pas de donner l'adresse de cet éditeur; il nous aprend ailleurs qu'il en a eu un autre qui s'appelait Tryphon. (Epig. 72, lib. IV.)

Les lettres de Pline-le-Jeune nous initient à tout le mécanisme, si je puis parler ainsi, des agissements des auteurs qui voulaient se faire éditer. Ils commençaient par demander l'avis de quelques amis, puis faisaient des lectures dans des réunions de plus en plus nombreuses ; enfin, quand ils avaient terminé leurs corrections, ils appelaient le public à assister à une conférence dans laquelle ils lisaient leurs œuvres. C'est après cette audition que les éditeurs se présentaient pour acheter le manuscrit. Pline, dans une lettre à Suétone, le gourmande sur ce qu'il tarde à publier ses productions (lib. V, lettre 11). Il lui dit : Souffre d'entendre que tu es transcrit, lu, vendu : *Patere audire describi, legi, venire.* » Que signifierait ce mot *venire*, s'il ne voulait pas dire être mis en vente par un libraire?

L'épreuve des conférences publiques était toujours redoutable. Lorsque Pline faisait des lectures, sa femme se glissait dans les couloirs où elle restait cachée dans l'ombre, attendant avec anxiété les marques d'approbation ou d'improbation.

Revenons à la propriété littéraire. Ce qui dissiperait les doutes, s'il en existait, sur la justesse de mes appréciations, c'est un passage de Quintilien. Le grand rhéteur y raconte qu'il a édité lui-même un de ses plaidoyers, le premier de ceux qui ont paru. les autres, dit-il, ont été recueillis par des sténographes qui les ont publiés pour gagner de l'argent. Mais citons le texte même qui est dans le chapitre second du septième livre de l'institution oratoire ; le voici : « *Id autem genus de quo novissime dixi non solùm in scholis sæpe tractatur, sed etiam in foro; nam id est in causâ Nævii Arpiniani solum quæsitum, Præcipitata esset ab eo uxor aut se ipsa sua sponte jecisset? Cujus* ACTIONEM EQUIDEM SOLAM IN HOC TEMPUS EMISERAM, QUOD IPSUM ME FECISSE DUCTUM JUVENILE CUPIDITATE GLORIÆ FATEOR NAM CŒTERÆ, QUÆ SUB NOMINE MEO FERUNTUR NEGLIGENTIA EXCIPIENTIUM IN QUÆSTUM NOTARIORUM CORRUPTÆ, MINIMAM PARTEM MEI HABENT.

Ce que l'on doit traduire par : Le genre dont je viens de parler n'est pas seulement traité fréquemment dans les écoles, mais il l'est aussi au barreau. Car ce que l'on cherchait seulement dans la cause de Nævius d'Arpinium, c'était s'il avait précipité sa femme ou si elle s'était précipitée elle-même. C'est le seul plaidoyer que j'aie émis à cette époque et j'avoue que j'avais été conduit à le faire par un juvénile amour de la gloire. Les autres plaidoiries qui sont colportées sous mon nom, étant corrompues par la négligence des sténographes qui les ont recueillies pour en retirer du gain, n'ont que très peu de moi.

Nous trouvons dans ce passage des renseignements bien précieux. Je ne prendrai que les principaux : 1° les audiences étaient publiques ; 2° quand les causes étaient importantes, les sténographes prenaient les débats et les publiaient; 3° ils vendaient leurs comptes rendus pour gagner de l'argent; 4° les avocats et les autres auteurs pouvaient être leurs propres éditeurs.

Ainsi, l'auteur pouvait publier ses livres, ce qu'il faisait le moins possible. Ordinairement il traitait directement avec un éditeur. Le prix variait avec la réputation des écrivains, l'importance des volumes, le cas qu'en faisait l'acheteur. Ce n'était pas une source de fortune. Aussi les auteurs avaient l'habitude de dédier leurs écrits à de grands personnages. Ces hommages se payaient très cher. Il en était de même des exemplaires autographes. Les gratifications résultant des envois et des dédicaces étaient des offrandes gracieuses.

L'éditeur, propriétaire du manuscrit, le présentait à l'autorité pour avoir la permission d'en faire des copies destinées aux acheteurs. Le préfet de la ville donnait ou refusait l'autorisation demandée après avoir fait lire l'ouvrage. Les auteurs qui ont écrit sous différents règnes nous apparaissent donc comme louangeurs de diverses époques, blâmant presque toujours le lendemain celui qui la veille était le maître du monde et le plus vertueux des mortels. C'est l'effet de la censure. Tacite, constant adulateur du pouvoir, a été aussi plat que les autres à cet endroit. Martial a eu plus de tenue. Il avait beaucoup vanté Domitien; sous les empereurs Nerva et Trajan, il oublie la race des Flaviens, sans cependant se joindre à ceux qui voulaient traîner aux gémonies les cadavres des morts.

Supposons donc que la censure, peu scrupuleuse sur la question des mœurs, ait permis d'éditer, alors le libraire s'adressait à un scribe pour faire sa publication.

Il est arrivé plus d'une fois que les auteurs ont retouché leurs œuvres et donné des éditions revues et corrigées, *repetitæ prælectionis*. Martial déclare que plusieurs livres de ses épigrammes sont dans ce cas; il ne devait évidemment pas manquer à la foi promise et vendre à l'un ce qu'il avait cédé à un autre. J'ignore quelles étaient les règles sur ce point.

Les acheteurs d'un exemplaire avaient certainement le droit de le copier pour eux, pour leurs amis. Les auteurs conservaient aussi la faculté de faire de nouveaux exemplaires. Ce qui était défendu, c'était, je le répète, la contrefaçon par un scribe. Ainsi, nul ne pouvait faire la reproduction d'un ouvrage pour le livrer au public et en tirer profit, s'il n'avait obtenu l'autorisation du préfet de la ville, et il ne pouvait avoir été autorisé que s'il appartenait à la corporation des copistes que l'on désignait sous le nom de scribes. Et comme les corporations étaient des affaires municipales, le premier éditeur ne pouvait pas poursuivre le scribe d'une autre localité, quand ce dernier publiait une édition contrefaite.

Peut-être y eut-il plus tard des ententes entre les scribes des localités diverses pour que les droits de chacun fussent respectés. Nous n'en savons rien.

Mais les jurisconsultes doivent comprendre pourquoi le Code et le Digeste sont muets sur le droit des éditeurs. Les affaires qui pouvaient naître à propos de la reproduction des livres étaient du ressort des chefs des corporations et tout au plus de la juridiction du préfet de la ville, chef de toutes les maîtrises. Je crois que la prohibition de reproduire les œuvres déjà publiées était sanctionnée par une pénalité, applicable par les syndics du corps des copistes alors même que le préfet aurait permis de faire l'édition prohibée.

Ainsi s'expliquent les divers passages des anciens en notre matière : Martial renvoyant à son libraire ; Quintilien parlant des éditions de ses discours par des sténographes ; Pline-le-Jeune se félicitant d'apprendre que ses écrits se vendaient à Lyon, où il ne savait pas qu'il y eût des libraires (IX. 11).

Tous ces précédents montrent que le droit exclusif de reproduction n'était accordé qu'aux éditeurs ; les auteurs n'en jouissaient pas. De là, les anecdotes sur les plagiaires. J'ignore pourquoi il a plu à certains modernes de citer à ce propos une anecdote empruntée à Vitruve. Cet auteur raconte qu'un prix étant au concours pour être donné au meilleur poète, un philosophe qui était au nombre des juges opina en faveur de la plus mauvaise pièce ; sur ce que l'on s'étonnait, il répondit que les autres morceaux avaient tous été récités par des gens qui les avaient appris, mais non composés. On vérifia et l'opinion du philosophe ayant été confirmée, l'empereur punit ceux qui avaient voulu se parer des plumes d'autrui. Il me paraît absolument insensé de voir là quelque chose d'applicable à la propriété littéraire.

Il en est autrement de la plainte formulée par Martial contre Fidentinus ; celui-ci avait écrit une page de vers, puis, sous cette page, il avait copié les épigrammes de Martial. Notre poète s'écria que le plagiaire est un voleur ; mais il ne l'assigna point à comparaître à justice. Virgile n'avait pas non plus assigné celui contre lequel il a écrit les vers fameux :

> Hos ego versiculos feci, tulit alter honores
> Sic vos non vobis, etc.

C'est que le droit exclusif de reproduction n'appartenait qu'à l'éditeur.

Ce dernier fixait le prix auquel il entendait vendre ses livres.

J'ai rappelé que Valerianus vendait le Martial cinq deniers ; Tryphon le donnait pour quatre. Martial dit que le gain eût été encore raisonnable, si Tryphon s'était contenté de deux deniers (Lib. X, Epig, III).

Puis les renseignements nous font défaut jusqu'au xiiie siècle. Alors l'université de Paris était dans l'éclat de sa puissance; ses décisions étaient écoutées chez nous avec respect, et ce qu'elle adoptait comme vrai, l'était aussi par toute la chrétienté. L'université était une société privée, reconnue par le gouvernement et chargée d'enseigner. Elle avait un privilège qui faisait obstacle à ce que l'on put tenir des établissements d'instruction qui auraient été en concurrence avec les siens. Sous la protection de cette illustre compagnie, il y avait tout un personnel de subordonnés ou suppôts, *suppositi*. La corporation des libraires, composée de vingt-quatre libraires, deux scribes, deux enlumineurs, deux relieurs, deux parcheminiers, était une annexe de l'université, qui se réservait sur elle un droit supérieur de juridiction. Il semble que les règles du droit romain avaient été conservées.

La délibération de l'université datée du 6 décembre 1275, nous apprend que les libraires devaient prêter serment de ne tenir que des exemplaires vrais et corrects et de ne pas les vendre au delà du prix fixé par l'université, ou par ses délégués.

Les libraires semblent avoir été, dans la hiérarchie universitaire, dans un rang supérieur à celui des écrivains. Ces derniers auraient été les simples reproducteurs des publications qui leur étaient commandées. Nous avons sur cette organisation quelques renseignements qui nous ont été donnés par des délibérations postérieures. Les plus importantes après celle de 1275, sont de 1323, 1342, 1373. Ce qu'il faut en retenir le voici : aucune édition ne pouvait être faite, sans qu'une permission eût été donnée. Je vois déjà dans ces précautions quelques garanties contre des contrefaçons, prohibées au moins par l'usage. Mais je dois insister sur l'intervention des quatre libraires-jurés chargés de la police de leur industrie. Les faits relatifs à la concurrence commerciale, ou, si vous voulez un autre mot, à la propriété littéraire étaient les plus importants pour les marchands, et c'est ce qui, a mon avis, justifiait leur intervention.

La liberté avait cependant une garantie. Ainsi, quiconque voulait acheter un livre, porte la délibération de 1323 dont nous av..s parlé, en avait le droit, et le libraire ne pouvait pas refuser de vendre, même à celui qui n'achetait l'ouvrage que pour le copier : *Nullus stationarius denegabit exemplaria, etiam volenti per illud aliud exemplar facere.* Ce futur éditeur avait à payer une re-

devance au libraire pour les exemplaires qu'il ferait sur celui qui
lui avait été vendu. Cette redevance, véritable impôt mis sur le
copiste, n'était exigible qu'au fur et à mesure de la mise en vente
de ses produits. Elle était fixée par les règlements, le texte de notre délibération est clair sur ce point; après les ordres donnés au
vendeur dans la phrase qui précède, on lisait que l'acheteur devait
donner un gage suffisant pour répondre de ce qu'il aurait à payer
plus tard conformément à l'ordonnance : *Dum tamen pro copynus
sufficiens exponat nec satisfaciat secundum ordinationem.* Cette affaire
ne regardait pas les auteurs. La propriété du droit de copie ne
concernait que les éditeurs.

L'imprimerie créa des conditions toutes nouvelles. D'abord il y
eut peu d'établissements de ce genre dans une localité. De telle
façon qu'il était impossible de prévenir les reproductions, car les
universités et les corporations étaient des institutions locales qui
ne pouvaient exercer leur autorité en dehors des limites de leur territoire; or, l'imprimerie rayonnait partout. Et, suivant l'usage,
chacun se plaignit des contrefaçons quoique faites au loin. Géring,
l'un des ouvriers venus de Mayence à Paris, se plaignit, en 1498,
dans son Virgile *in-folio*, d'avoir vu d'autres éditeurs reproduire
ce qu'il avait fait; Luther, dans diverses circonstances, attaqua
les contrefacteurs. Erasme écrivit à son tour pour réclamer un
décret impérial qui accorderait un privilège exclusif à l'éditeur,
ce privilège ne devant pas excéder DEUX ANS.

Luther et Erasme ne demandaient rien de nouveau, parce que le
droit de copie était tarifé et de plus parce que, à l'exemple du
passé, l'on avait déjà commencé à accorder, dans certains pays à
quelques imprimeurs, le droit exclusif de reproduire ce qu'ils
avaient imprimé. Seulement ces privilèges avaient un effet borné
par les limites du territoire sur lequel s'exerçait l'autorité du magistrat qui les avait donnés, ce qui faisait que les colporteurs faisaient partout pénétrer les contrefaçons et les livres prohibés. Les
imitations des éditions autorisées étaient parfois portées à une
grande perfection; il était difficile de les reconnaître. Afin d'y
arriver, chaque imprimeur, chaque libraire eut sa marque qu'il
mettait au devant de tous ses livres. On dit que le premier qui fit
usage de ce moyen était un imprimeur de Bologne appelé Benoît
Hector. Il aurait ainsi distingué ses livres dès l'année 1505. Nos
imprimeurs prirent, après lui, l'habitude d'avoir une marque
particulière. Le parlement et les règlements sur l'imprimerie, notamment un édit de décembre 1649, leur en firent une obligation.

Faisons une halte pour déterminer comment aux xv° et xvi°
siècles les choses se passaient alors qu'un imprimeur voulait édi-

ter un ouvrage. La première précaution était de se munir d'une permission. L'université croyait d'abord qu'elle avait seule le droit de donner cette sorte de passeport sans lequel le livre ne pouvait paraître. Cependant, après cette permission, il fallait avoir un privilège délivré par une autorité compétente.

Nous avons dit que le roi avait entendu que ces privilèges devaient venir de lui. On en cite un de 1504, pour un recueil d'ordonnances, mais je ne l'a pas vu. Le parlement pensait aussi que c'était un droit qui lui appartenait que d'accorder un privilège. Nous ignorons quel est le premier que cette cour ait donné, bien que nous ayons celui qu'elle délivra le 12 janvier 1508 à Rembold pour son Saint-Bruno. Il faut noter que cette concession était faite « vu aussi aucuns arrêts de ladite cour donnés en pareil cas. » Le privilège du 12 janvier 1508 n'est pas le seul qui soit connu : nous pouvons en citer du 8 mai 1509, du 18 septembre 1534, du 23 novembre 1536, et certainement les curieux en trouveront un grand nombre, car un arrêt du 8 août 1525 défend à tous imprimeurs de n'exposer ou imprimer aucun des livres de la sainte Écriture sans la permission de ladite *Cour*.

Le prévôt de Paris, qui donnait des lettres patentes pour investir les imprimeurs de leurs fonctions, crut aussi avoir le droit d'accorder des privilèges; c'est ainsi que nous en trouvons un concédé pour trois ans par ce magistrat le 5 août 1517 à Galliot, libraire-juré en l'université de Paris. Il portait permission d'imprimer un livre intitulé : *Des faits et gestes du bon et preux chevalier sans reproche le capitaine Bayart.* Enfin le Châtelet donnait aussi des permissions d'imprimer et accordait des privilèges. Le sublime en ce genre était d'avoir des privilèges pour tous les pays civilisés. On en connaît un certain nombre. Ils étaient délivrés par le pape, l'empereur, le roi de France, le roi d'Espagne et les princes. On avait donc songé déjà à se mettre en garde contre la contrefaçon étrangère.

Dans ce temps, l'université croyait encore pouvoir taxer le prix des livres; ce prix était porté dans les privilèges et l'usage de fixer ce maximum n'était pas absolument perdu au commencement du xviii° siècle; on peut le signaler dans un certain nombre de lettres patentes.

Bientôt il fut décidé que seul le roi avait qualité pour délivrer un privilège. Le premier acte que je connaisse là-dessus est l'édit du 10 septembre 1563; il avait été précédé d'un arrêt du 12 février 1563, par lequel le parlement avait devancé l'édit et avait consacré les droits de la cour. Mais l'autorité royale arriva à prédominer; nul ne put, depuis 1563, permettre la publication d'un imprimé.

Malapert.   2

L'arrêt du 12 février et l'édit du 10 septembre 1563 portaient la peine de la hart contre ceux qui ne se seraient pas munis d'un privilège. On voit qu'on était loin de l'idée qui d'abord avait inspiré les éditeurs quand ils avaient réclamé contre les contrefaçons.

Nous noterons avant d'aller plus loin une déclaration du roi, du 8 décembre 1536, qui défend de vendre ni envoyer en pays étrangers aucuns livres ou cahiers, en telle langue qu'ils soient, sans en avoir remis un exemplaire au garde de la librairie du château de Blois. Des lettres patentes du 17 mars 1537 renouvelèrent la défense de vendre des livres avant d'en avoir obtenu la permission et d'en avoir donné un exemplaire pour la bibliothèque du roi à Blois. Les historiens de la bibliothèque royale n'ont pas parlé de ces deux actes [1].

Après le 10 septembre 1563, la procédure à suivre pour l'obtention des privilèges se trouva modifiée en principe, mais non dans la pratique. Il est curieux de voir comment dans cet ancien régime le pouvoir central a toujours eu de la peine à faire respecter ses ordres. Cependant on était arrivé à des règles que l'on pouvait croire fixes et définitives. L'intervention de l'université et des docteurs des facultés n'était plus comptée, on ne la demandait que par une sorte d'habitude. L'imprimeur allait d'abord au siège de la chambre syndicale, que l'on appelait *le bureau de la librairie*, déclarer qu'il sollicitait le privilège d'imprimer tel ouvrage. Ensuite il portait un exemplaire *complet* de l'ouvrage au chancelier qui le faisait examiner. L'approbation obtenue de l'examinateur, l'affaire venait au Conseil d'État où les oppositions étaient appréciées. Quand le Conseil d'État était d'avis de donner un privilège, il en fixait la durée et les autres conditions. Le chancelier délivrait alors l'expédition de l'arrêt du Conseil, écrite sur parchemin et scellée du grand sceau. Le concessionnaire faisait enregistrer son privilège au parlement où pouvaient se produire de nouvelles oppositions. Il le faisait encore enregistrer au Châtelet, et enfin dans un délai qui a varié, sans avoir été de plus de trois mois, sur un livre à ce destiné, au bureau de la librairie. Outre ces précautions, le privilège était signifié à tous les libraires. Cette procédure était longue, mais quand on le voulait bien elle était rapidement terminée. Je ne sais pas à quelle époque Barthélemy Macé, libraire, avait demandé le privilège de réimprimer la Somme rurale de Bouteiller, rééditée par le fils de Charondas le Caron, mais je vois que le privilège, obtenu le 11 avril 1603, a été enregistré le 6 juin au parlement, et le 11 au Châtelet. Cette rapidité n'était pas ordinaire. Ainsi, le

---

[1] Cependant M. Thierry, conservateur du département des imprimés, les connaissait avant que je ne les lui eusse signalées.

privilège pour le *Corpus juris civilis*, imprimé à Lyon en six volumes *in-folio*, est du 11 décembre 1610, son enregistrement est du 20 juillet 1611.

La question de savoir si les privilèges pouvaient être renouvelés après leur expiration, autrement dit s'ils pouvaient être continués, devait nécessairement naître des faits que nous venons de rappeler. On la rencontre dès le XVIᵉ siècle et elle a continué à occuper les esprits jusqu'en 1789. Le premier arrêt que je connaisse là-dessus a été rendu le 12 avril 1543 par le parlement. Il a maintenu un privilège qui avait été accordé pour un livre déjà imprimé et intitulé *Dyonisius Carthusianus in psalmos*.

La question était loin d'être résolue définitivement. Le parlement défendit, le 28 avril 1578, de demander des prolongations de privilèges. Le Conseil du roi s'associa à cette jurisprudence en refusant, le 14 mars 1583, un privilège pour un ouvrage déjà imprimé à Rome. Il rendit, le 15 mars 1580, un pareil arrêt pour la Somme de saint Thomas. Mais le 18 janvier 1603 le Conseil renouvela pour dix ans, malgré des oppositions, un privilège accordé pour les *Usages du concile de Trente*. On donnait ce nom d'*usages* aux livres de piété d'un emploi quotidien, tels que les missels, les bréviaires, les diurnaux, etc. Le bénéficiaire de cette prolongation était Kerver. Il est vrai que par des arrêts du 2 juin de la même année 1603, du 23 décembre 1611, le Conseil du roi revint à la jurisprudence admise par le parlement. Le 5 mai 1617, les maîtres des requêtes de l'hôtel rendirent un arrêt semblable à l'occasion de la première et de la seconde partie de l'Astrée; le 19 août 1617, le parlement refusa de même de valider un privilège accordé pour l'impression de certaines œuvres de Sénèque. Enfin, en 1620, le savant jurisconsulte Bouchel publia un ouvrage dans lequel il avait coordonné tous les anciens statuts et règlements sur les libraires et imprimeurs, et il y enseignait que l'on ne pouvait pas, premièrement obtenir un privilège pour un livre qui avait été imprimé déjà; ni secondement une prolongation d'un privilège.

L'opinion publique était favorable à ce refus de continuer les privilèges expirés. Lorsque les états généraux avaient été réunis, en 1614, la question avait été examinée et tranchée par le tiers état et par le clergé. Ces deux fractions des états formulèrent leurs vœux d'une manière énergique. Richelieu, alors évêque de Luçon, fut chargé de présenter au jeune roi le cahier des doléances du clergé, on y lisait : « Art. 132. Parce que les imprimeurs et libraires de la ville de Paris poursuivent un privilège pour l'impression des bréviaires, missels et autres livres pour le service divin, suivant l'ordonnance du saint concile de Trente, et prétendent par ce moyen empêcher tous les autres imprimeurs de ce royaume de les imprimer, ce qui causerait un très notable dommage et incommodités aux provinces de Guyenne, de Languedoc, Lyon et autres de ce royaume qui ont reçu lesdits offices, lesquelles, pour être fort éloignées de Paris, ne pourraient trouver lesdits livres qu'à grands frais : Votre Majesté est très humblement suppliée de ne concéder aucuns privilèges auxdits imprimeurs et libraires de Paris qui empêchent que lesdits imprimeurs qui cy devant ont eu un privilège d'icelles; comme ceux de Bordeaux, Lyon et autres, ne puissent imprimer lesdits livres comme ils ont fait jusqu'à présent : pour laquelle impression, afin que le public soit mieux servi, lesdits imprimeurs mettront des correcteurs, personnes de capacité, approuvées des archevêques et évêques des lieux ou de leurs vicaires généraux, pour la correction desdits livres. »

Malgré ces précédents, il y avait constamment des difficultés sur ces points et les arrêts étaient loin d'être dans le même sens. Notez qu'il ne faut pas distinguer entre les brevets délivrés pour des ouvrages nouveaux et ceux que l'on donnait aux libraires et aux imprimeurs pour les livres anciens. On vivait sous l'empire du bon plaisir; le caprice des autorités civiles ou judiciaires était la seule règle.

Nous remarquerons en 1624 un édit du 22 mars par lequel on créa quatre censeurs royaux pour voir les livres. L'université se sentit atteinte par cette nouvelle création, mais elle ne réussit pas à obtenir le retrait de l'édit; on se contenta de lui dire que l'on demanderait toujours l'approbation des docteurs, celle des censeurs royaux ne venant que comme une sorte de confirmation.

Cette innovation mit pour un temps l'université d'accord avec les libraires et les imprimeurs qui se plaignaient fort de l'état des choses. Il était en effet déplorable; un premier exemple le démontrera. Vers 1630, les privilèges des diurnaux, missels et autres livres d'église, bibles et ouvrages de théologie ou de droit canon, corrigés suivant les prescriptions du concile de Trente, étaient expirés; les libraires furent de toutes parts en mouvement pour obtenir une si belle proie. Après mille combinaisons on avait formé quatre sociétés considérables par les noms des membres qui y participaient et par les capitaux que l'on y engageait. Douceur, syndic de la librairie, offrit, au nom de l'une des sociétés qui l'avait pris pour chef, une somme de deux millions. Ses concurrents lui répondirent par des railleries; ils étaient certains de l'emporter. Le privilège fut accordé au cardinal duc de Richelieu, par lettres patentes du 9 décembre 1631. Voici cet acte; sa rédaction ne cache pas sa nature :

Aujourd'hui 8 d'octobre 1631. Le Roy estant à Fontainebleau, sur l'aduis qui luy a esté donné. Que nostre sainct Père le Pape, à présent séant, auroit fait une nouuelle correction et réformation aux Bréuiaires et autres Vsages seruans pour le seruice diuin suiuant le Concile de Trente. A l'impression desquels Bréuiaires et autres Vsages il est besoin et nécessaire que quelque personne ecclésiastique des plus éminens en dignité prenne le soin et intendence pour veoir si les impressions desdits Bréuiaires et autres Vsages qui se feront dès à présent dans le Royaume seront bien correctement et conformément faits à l'intention de sa Saincteté, et suiuant ladite correction et réformation, pour le bien et vtilité des ecclésiastiques et autres ses sujets. Sa Majesté ayant recogneu le grand soin que Monsieur le Cardinal de Richelieu apporte journellement pour sa célébrité du diuin seruice à ce qu'auec vn ordre très conuenable et conformité de prières, il soit dit et célébré par tout le Royaume, et se voulant à cette occasion reposer sur luy de ladite correction, lui a accordé et octroyé le pouuoir et faculté de faire choix de tels Libraires et Imprimeurs qu'il iugera être capables pour faire l'impression desdits Bréuiaires et autres Vsages, exclusivement à tous autres, de quelque qualité ou condition qu'ils soient dans ledit Royaume; veut et entend sadite Majesté, qu'il soit déliuré auxdits Libraires et Imprimeurs qui seront ainsi que luy choisis et nommés, tels priviléges et lettres que besoin sera pour faire lesdites impressions, et ce pour le temps et espace de trente années, ou tel autre temps qui sera iugé à propos. M'ayant icelle Sa Majesté pour témoignage de sa volonté commandé d'expédier le présent Brevet qu'elle a voulu signer de sa propre main et estre contresigné par moy conseiller en ses conseils d'Etat et secrétaire de ses commandemens.

Signé : LOUIS.

Et plus bas : DE LOMÉNIE.

Le cardinal ne se croyait pas coupable en acceptant pour lui une faveur qu'il avait condamnée, comme évêque de Luçon, quand elle avait été octroyée à d'autres.

§ 7. — SUITE DE L'HISTOIRE DES PRIVILÉGES EXCLUSIFS.

Les lettres patentes d'octobre 1631 furent naturellement suivies d'arrêts du conseil, portant enregistrement des concessions et des noms des acquéreurs du privilège. Nous avons dit que les libraires de Paris s'étaient formés en quatre compagnies. Une seule de ces associations n'aurait pas été capable de payer les sommes exigées par le cardinal; deux d'entre elles, qui avaient fusionné, fournirent les membres associés, qui eurent seuls le droit d'imprimer et de vendre tous les ouvrages de théologie et de liturgie. Cette association de monopoleurs prit le titre de grande compagnie.

La manière dont Richelieu entendait les intérêts de la France était une arme puissante dans la main de ses ennemis. L'opposition qui se souvenait de l'origine de ce du Plessis, noble douteux du Bas-Poitou, avait signalé les appétits de ce parvenu, qui, de l'alcôve de Marie de Médicis était devenu le seul maître du gouvernement. C'est ce que l'on disait en 1649, lorsque des requêtes furent présentées au Conseil d'État sur des réclamations formulées par les imprimeurs, qui voulaient, disaient-ils, être chargés désormais d'empêcher la propagande des protestants. Le conseiller d'État d'Aubray fut nommé rapporteur de cette affaire. Il prit les choses dans leur origine et fit rendre le 20 décembre 1649 un édit qui réglementait toute la matière. Les privilégiés crurent que leurs monopoles allaient subir quelques atteintes; mais ces craintes étaient mal fondées. La seule chose qui semblait améliorer la législation antérieure, était que l'on parut condamner les lettres patentes portant des concessions générales commé celles qui avaient été accordées à Richelieu. Enfin il y avait certains ouvrages qui étaient laissés à la libre concurrence. Au surplus voici ce que disait l'édit :

« Art. 26. Pour donner courage à ceux d'entre les libraires et imprimeurs qui voudraient réimprimer quelques-uns des Pères de l'Église, grecs ou latins, ou d'autres œuvres des bons auteurs de l'antiquité en quelque langue qu'ils soient, leur donner aussi moyen de retirer leurs frais, et de continuer de bien en mieux, nous voulons qu'ils puissent en obtenir le privilège de notre grand sceau pour tel temps que nous jugerons raisonnable selon le mérite de l'auteur, et ce dans une sorte de volume seulement savoir : in-folio, in-quarto, in-octavo ou autres : permettons aux autres libraires, imprimeurs ou relieurs d'obtenir nos lettres et privilèges pour les imprimer en une autre sorte de volume, sans que pendant ledit temps qui leur sera par nous accordé, aucun autre imprimeur ou libraire le puisse contrefaire, imprimer ni vendre dans nos royaumes, sous prétexte que la copie vient des pays étrangers qu'il n'y ait jamais eu de privilège ou que en ayant eu il soit depuis longtemps expiré, nonobstant toutes lettres et règlements à ce contraires sur les peines portées par ledit privilège; à la charge que ledit livre sera imprimé sur de bon papier, de bonne lettre et qu'il sera bien correct, dont seront données deux épreuves pour voir le papier et la lettre, l'une desquelles épreuves demeurera par-devers notre chancelier et l'autre sera attachée sous notre contre-scel pour y avoir recours au cas qu'on imprimât autrement ledit livre, faute de quoi ledit privilège sera seul excepté, toutefois les vies des saints, si elles ne sont de nouvelle invention ou traduction; tous les usages romains réformés ou non réformés, comme missels, bréviaires, diurnaux, psautiers, graduels, antiphonnaires et autres, les prières et cathéchismes qui pourront être imprimés par tous les libraires et imprimeurs, à la charge qu'ils seront faits san de bon papier, de bonne lettre et corrects, et outre qu'ils prendront approbation à chacune impression qu'ils en feront avec un certificat qu'il n'y aura point de faute importante et qui puisse gâter le sens et intention de l'Église, les anciens despensataires, les dictionnaires, les grammaires et autres petits livres des basses classes pourront aussi être imprimés par tous les libraires et imprimeurs pourvu que le recteur de l'université ou quelqu'un de commis par lui donne certificat que lesdits livres sont bien et correctement imprimés, faute de laquelle approbation pour les uns et de certificat pour les autres, insérés dans lesdits livres, nous les avons dès à présent déclarés confisqués au profit des pauvres de leur communauté. Pour les almanachs ils pourront être imprimés tout de même, à la charge qu'il n'y aura aucune pronostication, conformément à ce que nous avons déjà ordonné sous peine de punition corporelle. »

La compagnie d'éditeurs, ou pour parler comme on le faisait alors la grande compagnie qui avait acheté le privilège de Richelieu, cria à la spoliation. Les libraires avaient payé leur droit exclusif sur l'Ancien et le Nouveau Testament, sur les alphabets et la croix de par Dieu, et voilà que le Conseil d'État leur prenait cette propriété et disait que désormais les privilèges seraient refusés pour certaines publications et donnés pour les autres, un par un, sans qu'il fût possible de créer de grands et beaux monopoles pour toute une série de livres. Les intéressés se réunirent et adressèrent au Conseil du roi des suppliques nombreuses, requêtes en forme judiciaire suivies de mémoires, qui essayaient de passionner l'opinion. Ces écrits étaient accompagnés de projets tendant à faire modifier le règlement de 1649. Les libaires de province réagirent contre ce mouvement. Lyon surtout, Rouen ensuite, et enfin toutes les localités où il y avait des imprimeries tenaient contre les privilèges ; les anciens associés faisaient bonne contenance contre ces adversaires. Mais le parlement inclinait pour la justice et l'université crut que sa dignité lui commandait d'intervenir. Elle réfuta les projets multiples des libraires en réclamant la liberté. « A ce qu'ils disent qu'il n'est pas raisonnable que quand un libraire a réimprimé un auteur, et employé une grande somme d'argent pour la réimpression d'icelui, qu'il soit loisible à un autre de lui faire concurrence, et de le faire imprimer et contrefaire aussitôt ce qui a causé la ruine de plusieurs libraires, l'université réplique :

1° Que la poursuite ardente des privilèges ne tend que pour enrichir quelques libraires qui la font, et de les mettre en état d'opprimer leurs confrères qui ont moins de crédit qu'eux.

2° Que ce n'est que par le débit qu'ils recouvrent les sommes qu'ils ont employées aux frais de l'impression ; et ce débit est d'autant plus grand que les livres sont plus corrects et mieux imprimés ; et le privilège ne sert qu'à fomenter les désordres et les dérèglements des imprimeurs et des libraires ; d'autant que par l'assurance qu'ils ont que par le moyen de leurs privilèges leurs livres ne peuvent être imprimés qu'après un long temps de 10, 15 ou 20 ans ils n'apportent le soin et l'industrie de bien faire et surpasser leurs confrères.

3° Ils diminuent les grâces du prince et empêchent par leurs privilèges particuliers qu'elles n'aient toute leur étendue ; c'est pourquoi Henri-le-Grand dit en terme formels, que l'intention de ses prédécesseurs a été de privilégier tous ceux qui feraient lesdits exercices dans le royaume et non pas de restreindre leurs grâces aux personnes de cette vacation.

4° Ces privilèges ôtent toute émulation qui est presque toujours le seul moyen qui puisse rétablir l'art de l'imprimerie.

5° Par tels privilèges on éloigne plusieurs personnes qui pourraient s'adonner à l'imprimerie ; on prive le royaume d'un grand nombre de livres très utiles qui se débiteraient tant aux étrangers qu'aux sujets du roi, comme il paraît par les lettres patentes de Henri II du 23 septembre 1553.

Mais ce mémoire eut ses réponses, qui furent encore réfutées, de telle sorte que pour avoir toutes les pièces de ce débat il serait nécessaire de compulser les archives d'un avocat au Conseil, ayant été chargé de suivre la décision de l'affaire. Nous noterons entre autres documents un petit *factum* de l'un des associés, le vieil imprimeur Vitré, qui après avoir imprimé ses réclamations, signait à la main chaque exemplaire de son mémoire, dont les plaintes vagues sont devenues le thème sur lequel on a fait des variations qui se sont produites surtout en 1726, 1764 et 1787.

Les auteurs n'ont pas assez médité ce qui se passa à l'époque de 1650, s'ils y avaient réfléchi, ils se garderaient bien de se mettre du côté où vont les éditeurs ; ils repousseraient l'idée de toute propriété perpétuelle, parce qu'ils sentiraient où les libraires veulent en venir.

Par exemple, le projet proposé par les libraires pour la réforme de l'édit de 1649, avait un article dans lequel ces messieurs montraient toutes leurs prétentions. Ils voulaient que l'autorité défendît à tout libraire de vendre un écrit imprimé aux frais d'un auteur ; ils voulaient de plus que celui-ci ne fût pas autorisé à mettre soit sur le frontispice, soit dans toute autre partie de son livre, en quel endroit l'œuvre serait en vente. La seule chose qu'ils permettaient était que le titre de l'ouvrage fût accompagné de ces mots :

A PARIS.
De l'imprimerie d'un tel
Aux dépens de l'auteur.

Cette fois les yeux devaient être dessillés ; l'université de Paris disait avec raison :

« Cet article fit voir manifestement que les libraires de Paris veulent que tou : les auteurs de la France, pour l'impression et vente de leurs ouvrages, passent par leurs mains ; afin que n'ayant la liberté de faire débiter leurs livres ils puissent facilement en remporter tout le gain ; et déjà leur pratique est, que les auteurs leur ayant donné leurs livres à vendre, ils les gardent longtemps et leur font entendre, qu'ils ne peuvent en avoir le débit : et enfin ils les contraignent de les leur laisser, et leur en faire telle composition qu'il leur plaît. »

Donc en ce temps comme en beaucoup de cas aujourd'hui, si les auteurs ne trouvaient personne qui voulût se charger d'imprimer leurs ouvrages, ils étaient réduits à s'imprimer eux-mêmes sans pouvoir compter sur une vente, qui les ferait rentrer dans leurs avances.

Les libraires ne purent point obtenir un arrêt du Conseil conforme à leur projet, qu'ils réalisèrent cependant. Il était dit dans leur règlement particulier que tout ouvrage imprimé aux frais d'un auteur serait aux conditions que nous avons rappelées. Telles étaient, telles avaient été et telles sont les sympathies de certains libraires pour les écrivains.

La résistance de l'université de Paris aux entreprises des privilégiés conduisit ces derniers à contester l'intervention de la Sorbonne dans le débat. Pourquoi, disaient-ils, cette entremise de gens doctes et saints dans les affaires de ce monde ? L'université sentit le coup ; elle répondit que protectrice des lettres, elle était la mère de toute science et de tous ses représentants. C'est pourquoi elle publia le 20 janvier 1652, sans titre, sans commentaires, un mémoire de 44 pages in 4°, toutes très bien remplies, en tête desquelles on lisait :

Actes concernant le pouvoir et la direction de l'université de Paris.

*sur les écrivains des livres, et les imprimeurs qui leur ont succédé,
comme aussi sur les libraires, relieurs et enlumineurs.*

Cette publication est connue dans le monde des lettres sous le
nom de livre bleu, à cause de la couleur de sa couverture. L'université y avait énuméré, de 1275 à 1652, tous les documents qui
prouvaient les attaches des libraires et imprimeurs à l'Université. C'est un témoignage authentique dont la véracité n'a jamais été contestée. Notre grande et savante Académie des inscriptions, qui est le plus haut degré de juridiction en matière d'archéologie et d'histoire, a renvoyé dans le *Recueil des ordonnances,*
dites ordonnances du Louvre, à ces actes ainsi reconnus véridiques. La querelle fut tranchée peu après cette production. D'abord
on avait combattu d'égal à égal, mais l'Université, venant sommer
ses enfants d'obéir à leur mère, ne pouvait plus être attaquée : ses
volontés devenaient des ordres et il fallait s'y soumettre. Cependant les libraires protestèrent par un dernier mémoire, auquel
l'Université répondit de telle sorte que le débat fut clos. Une
régularité aurait dû être la conséquence de l'exécution de l'arrêt du
Conseil de 1649, mais nous ne savons pas ce qui se passa. Mazarin
ne volait pas hardiment et le poing sur le pommeau de son épée,
comme avait fait son prédécesseur ; c'était un filou sournois, qui
ne commettait pas de violences. Il ne brisait pas les coffres-forts,
ils les ouvrait avec de fausses clés et parvenait à amasser les
250 millions qu'il a laissés à sa famille.

Or, il est si vrai que les règles préconisées par l'Université sur
les conséquences funestes des privilèges étaient salutaires, que
leur mépris conduisit à des résultats désastreux pour le commerce.
Le Roi, maître de tout, d'après ses idées, concédait à qui bon lui
semblait des privilèges de toute espèce. Il en donnait pour les fabrications les plus simples, les plus communes, cela dérivait de
son droit de souveraineté. Il le montra en notre matière.

En 1667, le 12 janvier, Louis XIV fit la paix avec la Hollande et
l'Angleterre. Sitôt après eut lieu la campagne qui réunit la Flandre à la France. Un célèbre courtisan, le duc de Roannès, comte
de la Feuillade, avait bien mérité de son maître, qui voulait le récompenser. Mais le trésor était vide et il fallait prendre autre
part. Or, en avril de cette année avait paru la célèbre ordonnance
dite de 1667, sur la procédure civile.

Cette ordonnance devait être partout répandue, des commentaires explicatifs étaient attendus pour en expliquer le sens.

Celui qui aurait le privilège de vendre ces publications avait une
fortune assurée. Le roi le donna pour cinquante ans au futur maréchal duc de la Feuillade, par arrêt du 15 avril 1667, confirmé le

3 décembre 1667. Il y eut probablement des réclamations, car nous voyons que ce privilège fut confirmé, à nouveau, par un édit du 7 avril 1668. Il nous a semblé bon de reproduire ce dernier document, dont, jusqu'à présent, personne n'a fait mention dans les fastes historiques de ce monopole, auquel on donne le nom de *propriété littéraire* :

« Louis, par la grâce de Dieu roi de France et de Navarre, à nos amis et féaux conseillers les gens tenans nos cours de parlement, maistres des requêtes ordinaires de nostre hostel, baillifs, sénéchaux, et autres, nos officiers qu'il appartiendra, salut. Par nos lettres patentes, des quinze mars et trois décembre mil-six-cent-soixante-sept, nous avons accordé à notre cousin le duc de Roannès, comte de la Feuillade, lieutenant-général de nos camps et armées, le privilège de faire imprimer les nouvelles ordonnances sur la réformation de la justice, par nous faites, publiées au mois d'avril de ladite année mil-six-cent-soixante-sept, et celles qui restent à faire sur ce même sujet, ensemble les formulaires et stils des actes de justice, procédure à faire suivant nos dites ordonnances, pour en jouir par notre dit cousin pendant le temps porté dans lesdites lettres et faire faire l'impression et débits de nos dites ordonnances et formulaires, par tels imprimeurs et libraires qu'il voudrait choisir pour cet effet. Et comme notre intention n'a été autre en gratifiant notre dit cousin de ladite permission, que de faire imprimer sur nos mêmes ordres toutes nos déclarations, édits, règlements et arrêts de notre Conseil qui pourraient être rendus en interprétation et exécution de nos dites ordonnances nouvelles sur le faict de la justice, afin l'impression en puisse être faite conjointement ou séparement avec icelles, suivant qu'il sera trouvé plus à propos; et que néanmoins il pourrait arriver que quelques imprimeurs et libraires voudraient entreprendre d'imprimer et exposer lesdits édits, déclarations, règlements et arrêts de notre Conseil, sans la permission de notre dit cousin, il nous aurait requis de leur octroyer nos lettres à ce nécessaire. A ces causes, nous avons permis et permettons par ces présentes signées de notre main à notre dit cousin le duc de Roannès, de faire imprimer en toute l'étendue de nostre royaume, païs, terres et seigneuries de notre obéissance en tels volumes et autant de fois qu'il le trouvera à propos, par les libraires et imprimeurs qu'il aura pour ce choisis, nos édits, déclarations, règlements et arrêts de notre Conseil seulement qui pourraient être donnez par nous en notre dit Conseil en exécution et interprétation de nos dites ordonnances sur le fait de ladite réformation, et ce séparement ou conjointement avec le corps de nos dites ordonnances par nous faites

et à faire sur le fait de ladite réformation suivant et ainsi que notre
dit cousin le jugera nécessaire ; pour par lui jouir de l'effet du
présent privilège pendant le temps et espace porté par nos dites
lettres patentes, du quinze mai et trois décembre de mil-six-cent-
soixante-sept ; Faisant très expresses inhibitions et défenses à
toutes personnes de quelque qualité et conditions qu'elles soient
autres que celles qu'il aura choisies de faire imprimer, vendre ni
débiter, sous quelque prétexte que ce" soit, lesdites déclarations,
édits, règlements et arrêts de notre Conseil, ci-dessus mentionnez,
même d'en apporter ni vendre aucun exemplaire de ceux qui pourraient avoir été contrefaits dans les païs étrangers sur les mêmes
peines portées par nos dites lettres des quinze mai et trois décembre
derniers, à condition que nos dites déclarations, édits, règlements
et arrêts de notre conseil cy-dessus il en sera mis deux exemplaires en nostre bibliothèque publique, un en celle de nostre personne, et un en celle de nostre cher et féal chancelier de France,
le sieur Séguier, avant que d'en exposer aucun en vente, à peine
de nullité des présentes. Du contenu desquelles nous vous mandons
que vous fassiez jouir pleinement et paisiblement notre dit cousin,
et ceux qui auront droit de lui sans permettre qu'il leur soit fait
aucun trouble ni empêchement. Voulons qu'en mettant au commencement et à la fin desdits édits, déclarations, règlements et
arrêts de notre Conseil, copie ou extrait des présentes, qu'elles
soient tenues pour bien et deuëment signifiées et que soit ajoutée
aux copies d'icelles bien et deuëment collationnées par l'un de nos
amez et féaux conseillers et secrétaires comme à l'original. Mandons au premier notre huissier ou sergent sur ce requis, de faire
pour l'exécution des présentes tous exploits et actes nécessaires,
sans demander autre permission, nonobstant clameur de Harro,
chartre normande, et autres lettres à ce contraires. Car tel est
notre bon plaisir.

Donné à Saint-Germain-en-Laye, le 7ᵉ jour d'avril l'an de grâce
1668 et de nostre règne le 25, signé LOUIS. »

Et plus bas : Par le roi, De Guénégaud, et scellé du grand sceau
de cire jaune.

On lisait au-dessous, en plus petits caractères :

Le 14 avril 1668, monseigneur le duc de Rouannès a cédé un tiers
dudit privilège à Denis Thierry et ses associés, choisis par ordre
de sa Majesté pour l'impression de ses nouvelles ordonnances.

§ 8. — Suite des difficulté occasionnées par les privilèges.

Les juridictions qui connaissaient la portée des privilèges ont
varié avec les temps. Le Conseil d'Etat, le parlement, le chan-

celier avaient toujours la haute main. Il faut leur ajouter la Cour
des maîtres des requêtes de l'hôtel, qui jugeaient, sous la prési-
dence réelle ou fictive du prévôt de l'hôtel, les causes de tous les
gens *suivant la cour*. Un certain nombre de libraires ont eu cette
dénomination et leurs procès ont été soumis aux maîtres des
requêtes de l'hôtel. Les permissions qu'on leur avait données leur
furent souvent retirées, puis rendues. Leur nombre fut d'abord de
deux; on leur enleva leur titre; puis on le donna à d'autres. J'ai
trouvé des listes de gens suivant la cour sur lesquelles figuraient
quatre libraires et deux relieurs.

En 1667, Louis XIV avait créé un lieutenant de police; il lui
avait donné l'inspection des imprimeurs et des impressions. Le
Châtelet, qui prétendait juger les causes relatives aux objets soumis à la police, fit alors un règlement dans lequel il s'attribua juridiction sur les causes relatives à la librairie et à l'imprimerie.

Dans la pratique, on laissa au parlement la connaissance de ce
qui regardait les gros volumes, et l'on ne fit juger par le Châtelet
que ce qui concernait les feuilles volantes, les petites brochures, etc.
Enfin, les juges des différentes localités, qu'ils fussent seigneuriaux
ou royaux, prétendaient aussi juger les questions relatives aux publications faites par la voie de la presse.

Il y avait toujours des difficultés pour la continuation des privilèges. L'intendant de la généralité de Lyon se trouva, en 1682,
fort embarrassé. Il crut devoir demander l'avis du chancelier Le
Tellier, qui lui répondit, le 10 mars de cette année : « J'ai reçu la
lettre que vous m'avez écrite le 12 de ce mois, sur laquelle j'ai seulement à vous faire observer que les libraires de Lyon ne se trom-
pent pas quand ils vous disent qu'il est libre à un marchand d'imprimer un livre, quand il l'a été avec un privilège du grand sceau,
et que le temps porté par ledit privilège est expiré. C'est la règle
établie de tout temps et il n'y a pas été dérogé. »

En suivant l'ordre chronologique nous trouvons sur notre route
un écueil contre lequel la fortune des éditeurs faillit sombrer. Les
demandes de privilèges continuèrent à affluer, et outre les sommes
que payaient les réclamants à tous ceux dont dépendait la concession, il y avait des droits qui étaient régulièrement exigibles à la
chancellerie. Des financiers demandèrent, en 1667, que ces rede-
vances fussent données par bail à des fermiers généraux. Les libraires firent des protestations énergiques contre ce projet, qui
fut abandonné.

En ce temps on distinguait entre les privilèges particuliers et les privilèges généraux. Ces derniers étaient mal dé-
finis, car on pouvait, jusqu'à certain point, dire que ceux du

cardinal de Richelieu et du duc de la Feuillade avaient eu ce caractère. Certains libraires semblaient aussi pouvoir imprimer toute une série d'ouvrages en vertu d'un seul privilège. Telle était par exemple la situation des héritiers de Pierre Lepetit, auquel, le 3 mai 1575, on avait accordé, pour cinquante ans, la continuation de tous ses privilèges, afin de l'indemniser de la perte qu'il avait subie par l'incendie de ses magasins dans le collège de Montaigu. Les évêques prétendaient aussi avoir seuls qualité pour accorder la permission de publier des ouvrages religieux, et il y avait des abbés, des corporations religieuses qui soutenaient avoir la même puissance. Bref, des arrêts du Conseil du roi, du 7 juin 1659, et du parlement, du 4 juin 1674, révoquèrent tous les privilèges généraux.

Peut-être me pardonnera-t-on d'ouvrir ici une parenthèse sur les droits des évêques. Autrefois, certains chefs de diocèse refusaient de reconnaître l'intervention de la puissance civile; ce n'était pas général. Enfin il s'était établi cet usage que les pasteurs diocésains demandaient au roi la concession du privilège d'imprimer les livres de piété et même leurs mandements. Quand ils avaient obtenu ce privilège, ils le vendaient à leurs libraires. Ainsi la concession de la propriété des ouvrages de dévotion était accordée aux évêques par le roi et par les évêques à des industriels. Cette pratique était suivie dans le nord de la France; il y en avait une autre pour les provinces du midi, Lyonnais, Forez, Vivarais, Provence, Languedoc, Guyenne, etc., toujours suspecte d'hérésie depuis les Albigeois. Les libraires y recevaient directement du roi les privilèges de leurs impressions. Dans une époque où l'on prétend se modéler sur le passé il est bon d'en rappeler les errements.

Je dois noter aussi à propos des renouvellements de privilège et des concessions possibles que dans l'opinion commune l'on pouvait accorder des privilèges en certains cas, malgré une permission antérieurement donnée. Un arrêt du parlement du 10 septembre 1657 décidait que l'on pouvait obtenir des prolongations ou des privilèges nouveaux quand l'ouvrage était augmenté d'un quart. Nous nous en souviendrons quand nous parlerons de la petite-fille de Corneille. Nous ne mentionnerons ici que pour mémoire le règlement qui fut fait en août 1686 sur l'imprimerie et la librairie. Il contient deux articles sur notre sujet; l'un défendait de contrefaire les les livres privilégiés, l'autre défendait d'imprimer un livre sans qu'un privilège eût été obtenu. On voit que ces dispositions ne tranchaient aucune des difficultés que soulevaient les prétentions des possesseurs de monopoles.

§ 8. — LE XVIII° SIÈCLE EN NOTRE QUESTION.

Il y a sur cette époque un gros livre publié par MM. Laboulaye et Guiffrey. Le lecteur fera bien de n'y recourir que pour les
pièces qu'il renferme. Les notices en sont la doublure et n'appren-
nent rien.

Les imprimeurs et les libraires étaient toujours en instance pour
obtenir de nouveaux privilèges. Cette persistance s'explique par la
puissance de la corporation des libraires de Paris qui était près
de l'autorité, qu'elle harcelait de ses démarches. Les projets de
règlements proposés en 1649 étaient toujours là, libraires et imprimeurs y revenaient en toute occasion. Leur ténacité a peut-être
été la cause de divers règlements faits sur des points de détails, les
7 septembre, 2 octobre 1701, le 13 août 1703, le 20 juillet 1707,
en octobre 1712, en mai 1717.

En 1720 on arrêta une déclaration du roi portant règlement sur
la librairie et l'imprimerie. Ce règlement fut rejeté par le parlement. Le roi, après avoir envoyé, le 10 décembre, des lettres de
jussion, ne crut pas devoir insister pour forcer la main de notre
première cour de justice. On décida que le règlement serait cor-
rigé. Nous expliquerons cette affaire à propos des réflexions des
libraires sur les arrêts du conseil du 30 août 1777.

D'Aguesseau cessa le 22 février 1722 d'appartenir au ministère,
où il ne revint qu'en 1727 ; les libraires firent faire, pendant son
absence, un règlement qui fut adopté par arrêt du conseil du
27 février 1723.

La question des privilèges y était longuement traitée : aucun
terme n'était fixé pour leur durée, et des prolongations étaient toujours permises. Fiers de ce succès qui aurait dû les satisfaire, les
privilégiés ne se tinrent pas pour contents. Ils réclamèrent la propriété irrévocable des ouvrages qu'ils auraient imprimés, enten-
dant par PROPRIÉTÉ LITTÉRAIRE le droit exclusif de reproduction.
Ce droit aurait porté sur les écrits des anciens aussi bien que sur
ceux des modernes.

Il est probable que le chancelier d'Armenonville n'avait pas bien
compris toute la portée du règlement de 1723 et qu'il fut éclairé
à cet égard. Il put bientôt apercevoir où conduisait la théorie du
renouvellement forcé des privilèges pour perpétuer en certaines
mains le droit d'imprimer la Bible, les Pères, les classiques, etc.,
devenus le patrimoine de quelques familles. Telle était la conséquence du dernier règlement, bien qu'il ne fût pas très net à cet
égard. Or, c'est précisément alors que le chancelier réfléchissait
à cela qu'il fut averti des nouvelles exigences des libraires par

une consultation rédigée en 1725 par l'avocat d'Hericourt. Le
syndic Mariette et ses deux adjoints publièrent peu après un
mémoire imprimé en 1726, par Vincent, l'un des adjoints.

Le chancelier fut outré de colère. Il fit saisir le mémoire
et le fit anéantir. Le syndic et ses deux adjoints furent révo-
qués de leurs fonctions et remplacés par de nouveaux titulaires
nommés par arrêt du conseil. Il y eut décret de prise de corps
contre Vincent qui s'enfuit et se cacha, puis le temps s'écoulant,
l'affaire fut étouffée. Néanmoins la corporation des libraires mar-
chait toujours d'empiètements en empiètements, et de nouvelles
lettres patentes de 1744 rendirent le règlement de 1723, fait pour
Paris, obligatoire pour la France entière. C'était combler la mesure, car désormais il n'y avait plus de place à l'initiative privée,
et les imprimeries de province étaient perdues; les privilégiés de
Paris avaient seuls le droit de produire des livres.

§ 9. — GUERRE SUR LES PRIVILÈGES EXCLUSIFS ENTRE LES LIBRAIRES DE PARIS ET DES PROVINCES.

Malesherbes fut nommé directeur de la librairie, c'était un esprit indépendant, surtout au-dessus de toutes les mesquines considérations d'argent ou d'influence. En étudiant sa vie, on trouve
chez lui un de ces hommes dont la destinée est de courir vers le
bien idéal et de subir toutes les conséquences de leurs convictions.

Malesherbes fit accorder des privilèges pour des livres sur lesquels les libraires de Paris prétendaient avoir un droit exclusif.
Ainsi Barret, libraire de Lyon, obtint en décembre 1760, un privilège pour une Imitation de Jésus-Christ. Les libraires de Paris refu-
sèrent d'en faire la transcription sur le registre de leur compagnie.
Il y eut procès devant le Conseil d'Etat. Dans un des mémoires qu'il
produisit, Barret disait : «...... C'était une règle constamment suivie
depuis l'établissement du commerce de la librairie que dès que le
privilège d'un livre était expiré, il devenait commun. On accordait
des privilèges à tous les libraires qui en requéraient, et il était
même défendu de solliciter la continuation des privilèges, hors le
cas d'une notable augmentation faite au livre, auquel cas même
cette continuation, qui dans le fond était un nouveau privilège
accordé pour un livre différend du premier, n'avait de force que
pour le livre augmenté, celui sans augmentation restant toujours
commun et permis à tous.

«Cette loi si conforme au droit commun et à la liberté du commerce est appuyée sur une foule d'autorités....

«Cependant les libraires de Paris, de tout temps portés à envabir le commerce, surprennaient tous les jours, par de faux exposés, quelques-unes de ces continuations prohibées. Un d'entre eux n'eut pas honte d'avancer pour motif après la quarantième édition d'un livre dont il demandait la continuation du privilège, *qu'il avait fait des frais pour des caractères neufs.* Le sieur Desprez, ayeul de ma partie, dans une continuation qu'il demande en 1705 pour l'*imitation de Jésus* et quelques autres livres, apporte pour prétexte *qu'il est chargé d'un nombre considérable desdits livres* ; et dans l'accord qui lui en est fait, il est expressément désigné que c'est *pour donner moyen à l'exposant de débiter les livres dont il est chargé* ; cet exposé est d'autant plus captieux qu'alors il avait débité vingt éditions de ce même ouvrage.

« La faveur, l'illusion, la surprise montèrent alors au plus haut période. Les livres d'un usage le plus indispensable qui jusque-là avaient été communs, les petits ouvrages de piété, les livres classiques, les petits dictionnaires, les rudiments, tout fut revêtu de privilèges généraux et de longues continuations ; les bréviaires, missels, diurnaux et autres de ce genre n'en furent pas exempts nonobstant l'arrêt de 1003, qui défendait de donner des privilèges pour quelque changement que ce fût.

« En conséquence de ces abus les libraires de province furent en proie à la persécution la plus criante ; tous les jours les procès les plus injustes et les plus iniques s'intentaient contre eux, sous le prétexte de saisir les presses et caractères qui avaient servi aux contrefaçons, l'on enlevait les imprimeries entières et l'on ruinait totalement des familles malheureuses.

« C'est de ce temps que l'on peut dater l'époque de la ruine du commerce de librairie de ce royaume. Tout ce qu'il y avait dans les provinces de libraires et d'imprimeurs qui eussent quelque fortune et quelque talent s'expatria.

« Ils allèrent chercher chez l'étranger la tranquillité et la protection, ils y portèrent leur industrie et leur goût et contribuèrent à élever la librairie en Hollande, en Allemagne, en Italie, à Avignon et ailleurs à ce degré de supériorité qu'elle a toujours eu depuis sur la nôtre.

« Ce qu'il resta de libraires dans les provinces ne furent la plupart que des personnes qui n'avaient ni assez de facultés pour entreprendre de bons ouvrages, ni assez de talents pour les bien exécuter. Le décri succéda et acheva ce que la persécution avait commencé.

« Le parallèle de l'état de l'ancienne imprimerie et librairie de Lyon, et de la situation dans laquelle elle est aujourd'hui, est une preuve trop convainquante de ce que j'expose. L'art de l'imprime-

Malapert.   3

rie avait déjà passé d'Allemagne à Venise, à Rome, et à Paris
lorsqu'il fut porté en cette ville vers la fin du xv° siècle. Une foule
de grands hommes en ce genre qui l'y exercèrent pendant les deux
siècles suivants, le portèrent à un si haut degré de perfection que
son commerce s'étendit dans toutes les parties de l'Europe. Des
maisons seules y faisaient en leur particulier les entreprises les
plus vastes et les plus utiles aux lettres et à la religion. Une d'elles
exécuta en 1677, outre une foule de gros corps d'impression, celui
de la grande bibliothèque des Pères, en 27 volumes *in-folio*. Et
l'on vit dans ces mêmes temps un savant [1] se plaindre de n'avoir
pu trouver aucun libraire de Paris qui eût osé se charger de l'impression de son livre, qu'il n'aurait pu mettre au jour s'il n'avait,
dit-il, trouvé heureusement un libraire de Lyon, zélé pour les
progrès des sciences, qui voulût joindre aux belles éditions qu'il
avait déjà données, celle de son ouvrage.

« Vingt-huit imprimeries alors existantes dans Lyon étaient
toutes très occupées. Et ce qu'il y a de frappant, c'est que pendant
tout cet heureux temps on ne voit pas qu'aucun de nos libraires se
soit livré à un commerce prohibé, ce qui malheureusement n'est
que trop arrivé depuis le dépérissement de la librairie.

« Comparons son état actuel à cet état florissant. Il m'en coûte-
rait trop de le peindre en entier; je n'en crayonnerai que quelques
traits, et je me contenterai de dire d'une part, que depuis le commencement de ce siècle, il ne s'est pas imprimé à Lyon un ouvrage
tant soit peu considérable, et de l'autre que quoique depuis 1730
le nombre des imprimeries y ait été réduit à douze, j'on ai toujours vu quatre ou cinq entièrement désœuvrées et les autres mé-
diocrement occupées. Un tel avilissement est réellement une suite
des persécutions dont j'ai parlé. Elles firent déserter ce qu'il y
avait de plus habiles libraires et imprimeurs à Lyon; la seule retraite des frères Huguetan, qui passèrent de cette ville à Amster-
dam, arracha à ce royaume une branche immense de commerce
qui est demeuré à l'étranger. »

Le Conseil d'État ordonna que le privilège de Barret serait porté
sur le registre du Bureau de la librairie.

§ 10. — OÙ IL EST QUESTION DES AUTEURS.

Les auteurs étaient toujours fort mal traités. Leurs plaintes ont
d'abord été formulées sous des formes courtoises, parfois indirectes,
comme celles de Racine le fils, à propos de son père, qui ne s'est

---

[1] Ducange.

point enrichi, malgré les libéralités du roi, le succès de ses pièces et son avarice. Louis Racine disait : « Il paraît que les pièces de théâtre n'étaient pas alors fort lucratives pour les auteurs et que le produit soit des représentations, soit de l'impression des tragédies de mon père ne lui avait procuré que de quoi vivre. »

Il n'était pas donné à tout le monde de s'éditer soi-même. L'expérience avait prouvé qu'un livre publié par son auteur ne se vendait pas. Nous savons par quels moyens les libraires entravaient la vente ; ils ont eu soin de nous l'indiquer et l'université a complété la démonstration. Cependant il y a toujours eu des auteurs pressés de } faire imprimer et qui, désespérant de trouver un éditeur, ont fait les frais de la publication de leurs manuscrits. Sans chercher bien loin, j'ai trouvé, sur le même rayon de la bibliothèque des avocats, quatre ouvrages pour lesquels les privilèges avaient été accordés directement aux écrivains, les voici :

Du 16 juillet 1692, privilège d'une durée de 8 ans accordé au savant de Laurière pour son traité du droit d'amortissement.

Du 7 juin 1707, privilège de 20 ans, au chevalier de Sparre pour son code militaire.

Du 14 juillet 1730, privilège de 25 ans au fils de Claude Ferrière pour les œuvres de son père.

Du 26 août 1752, privilège de 6 ans, à *** (Sallé) pour l'esprit des ordonnances.

En comparant ces privilèges avec ceux qui étaient donnés aux libraires ou aux imprimeurs on ne saurait y remarquer aucune différence, qu'ils soient antérieurs ou qu'ils soient postérieurs au règlement de 1723. Le droit exclusif quel qu'il fût portait avec lui son caractère de respectabilité qu'il tenait de la volonté du roi. Les privilèges du cardinal duc de Richelieu, celui du maréchal duc de la Feuillade étaient considérés comme aussi valables que si ces dignitaires avaient écrit l'un les livres d'église, l'autre les ordonnances et leurs commentaires.

Tout à coup deux grosses affaires éveillèrent l'attention publique. La première fut la touchante histoire de la petite-nièce de Corneille, la seconde fut le procès des petites-filles de Lafontaine, si malheureusement jugé par un arrêt qui leur refusa le droit d'imprimer les œuvres de leur aïeul. Quant à la nièce de Corneille, son père et sa mère étaient dans la misère. Le Brun le Pindarique, comme on l'appelait en son temps, fit en 1760 connaître cette situation à Voltaire, qui résolut aussitôt d'être le protecteur de cette enfant, dont on vantait la douceur et les autres vertus. Voltaire voulut l'enrichir. Il prépara un commentaire des œuvres de notre grand tragique, augmentant réglementairement d'un quart les ouvrages du maître, parce sans cela il n'aurait pu les vendre en France où il y avait des privilèges. Son travail dura trois ans. Le roi de France, les souverains étrangers souscrivirent à la nouvelle édition, qui fit une dot à la jeune fille; Voltaire goûta le double plaisir d'avoir fait des heureux et produit une œuvre importante.

Les auteurs se sentant soutenus déclarèrent que s'il y avait une propriété littéraire, c'est à eux qu'elle appartenait, tandis que les libraires n'étaient que leurs concessionnaires.

Telles étaient les prétentions des libraires des provinces et des auteurs en 1764. Alors les libraires de Paris produisirent un mémoire dont nous allons parler.

§ 11. — SUITE DE L'HISTOIRE DE LA PROPRIÉTÉ LITTÉRAIRE, AUTREMENT DIT DES PRIVILÈGES.

Les physiocrates et les économistes sapaient de toutes parts les privilèges exclusifs. Les saines idées sur le commerce et la concurrence se répandaient, en même temps que l'on proclamait les droits de l'homme à exercer sa libre industrie. C'est que la réglementation causait des gênes insupportables. Les rois en faisant de plus en plus sentir leur volonté de mettre en pratique la théorie fortement accentuée par Henri III, quand il avait dit que le droit de travailler était un droit royal, avaient dépassé les limites de l'arbitraire. Qui voulait un monopole le payait et l'obtenait. En vain le parlement résistait quelquefois, le Conseil d'Etat ne cessait pas de rendre des arrêts en faveur de tels ou tels protégés, qui prétendaient avoir inventé quelque chose. Les arrêts étaient délivrés en forme de lettres patentes et concédaient aux bénéficiaires le droit exclusif de se servir de telle machine, de donner tel produit. La réprobation contre les privilèges exclusifs augmentait de jour en jour. Enfin elle devint si forte qu'il devint impossible de ne pas s'en occuper. On réglementa en 1762 comment ils seraient accordés et conservés, quels en seraient les effets en matière d'industrie. Cette tendance à la suppression des monopoles avait grandi parmi les personnes qui s'occupaient du commerce des livres. La question avait été très controversée, en 1760, à l'occasion de saisies opérées sur des dictionnaires argués d'être la contrefaçon du Dictionnaire de Trévoux.

Les rapports des agents de la librairie avaient montré une certaine indépendance à l'endroit des prétentions des éditeurs. Leurs observations paraissent avoir été goûtées par Malesherbes. Les procédés des libraires dans l'affaire des petites-filles de La Fontaine l'avaient scandalisé et n'avaient pas été de nature à modifier ses opinions, déjà fortifiées par la lutte que les libraires de Lyon avaient entreprise contre ceux de Paris. Les hasards de la politique firent que Lamoignon, père de Malesherbes, dut se retirer de son poste de chancelier en 1763. Il y fut remplacé par Maupeou, nommé vice-chancelier. Sartine fut nommé directeur de la librairie à la place de Malesherbes qui avait suivi son père dans sa retraite. Aussitôt les libraires se remirent en campagne. Ils reprirent toutes leurs prétentions de 1650 et 1726, sorte de maladie périodique qui avait une nouvelle crise en 1764. Ils exhumèrent de leurs cartons les vieux mémoires qu'ils avaient l'habitude de produire. Ils les firent un peu retoucher par un réviseur, qui affirmait dans sa première page qu'il leur avait donné une forme plus élégante.

Le syndic de la librairie adressa ce mémoire avec une lettre dans laquelle il ne parlait pas avec fierté. Il craignait les conséquences de son audace, on dirait qu'il en redoutait les suites. Il avait bien ses raisons, car le souvenir de la colère du chancelier d'Armenonville était resté dans la corporation des libraires. Le mémoire de 1764 fut copié à un nombre considérable d'exemplaires. Tous les éditeurs ont eu le leur, mais on ne l'a point imprimé, ce qui était du reste fort inutile, puisqu'il ne s'y rencontrait rien de nouveau. Bref, il fut envoyé à Sartine, en mars 1764, avec la lettre que voici :

« Monsieur,

« Nous osons nous flatter que le mémoire que nous avons l'honneur de vous présenter répond raisonnablement à cette foule de mémoires donnés à nos supérieurs en différents temps, dans différentes circonstances, mais toujours au désavantage de notre corps, et tendant à l'abolition de nos droits et de nos propriétés.

« Nous avons tenté, Monsieur, de vous rendre la lecture de ce mémoire plus agréable par une diction plus élégante; mais revenant sur nos pas, nous avons saisi les principes et donné la préférence presque entière à celle qui appartient plus à notre état, surtout dans une circonstance où il n'est question que de vous faire connaître, autant que vos occupations vous le permettent, les défenses légitimes que nous nous proposons d'opposer à toutes les raisons spécieuses et qu'on désirerait peut-être faire valoir contre nos intérêts.

« Nos vues seront remplies, si nous continuant vos bontés et les effets d'une juste protection, vous voulez bien, d'après le compte qui vous en sera rendu, ordonner des changements que vous jugerez devoir être apportés à ce projet et nous accorder la liberté de lui donner une sorte de publicité : car nous désirons exposer aux yeux de nos supérieurs et de nos seigneurs du conseil de chancellerie et librairie les principes sur lesquels nous fondons nos justes demandes et nos réclamations.

« Nous estimons encore comme fort utile, sous votre agrément, que les littérateurs connaissent véritablement la nature de leurs droits, et les libraires celle de leurs engagements et respectivement les lois auxquelles il sont astreints.

« En portant nos vues plus loin, nous espérons, Monsieur, que décidé sur notre sort, vous aurez des raisons trop puissantes à opposer aux protesteurs, et de là beaucoup de facilité à présenter une barrière inexpugnable à mille demandes inconsidérées, contraires à votre équité naturelle et à la ligne que vous avez paru vous être tracée à vous-même, qui est l'exécution des lois et des règlements. Enfin nous nous estimerons très heureux, Monsieur, si satisfait des marques de notre respect pour vos ordres, et de notre zèle pour notre état, vous permettez également à ceux qui doivent incessamment remplir nos fonctions de solliciter auprès de vous la réussite de cette affaire importante et les effets de vos bontés en faveur de la communauté entière.

« Nous avons l'honneur d'être avec un profond respect, Monsieur,

« Vos très humbles et très obéissants serviteurs,

« LEBRETON,

« Syndic. »

Le chef principal du service de la direction de l'imprimerie était à ce moment Joseph d'Hémery, avocat au parlement, inspecteur-général de la librairie. Sartine le fit appeler et convint avec lui du sens dans lequel il fallait répondre aux prétentions persistantes d'industriels qui voulaient à toute force avoir le monopole de leur art. Mais le directeur n'était pas juge en dernier ressort, l'affaire ne pouvait être tranchée que par le vice-chancelier. Il fut entendu que d'Hémery, homme d'une grande rigidité de mœurs, d'une probité à toute épreuve, encadrerait le factum des libraires par des notes marginales; qu'il résumerait ensuite ces observations, puis qu'il remettrait le tout à Sartine, qui s'approprierait le travail et en ferait l'envoi au vice-chancelier.

Après ces conversations dont d'Hémery résuma le sens dans un précis, il chargea Morin de rédiger la réponse au mémoire. Morin n'a pas ajouté grand chose au canevas que d'Hémery lui avait donné, et c'est justice que de considérer le dernier comme le seul auteur des notes.

Les libraires soutenaient que si la typographie avait dégénéré, c'était parce qu'elle souffrait de la concurrence des contrefacteurs.

Le second point était qu'ils ne pouvaient rien entreprendre d'important parce qu'ils n'étaient pas assurés de la propriété de leurs privilèges.

3° Ils se disaient ruinés ou en voie de le devenir.

4° Ils prétendaient qu'un privilège leur créait la propriété perpétuelle du droit exclusif d'empêcher à jamais qui que ce soit de reproduire les livres pour lesquels il avait été obtenu.

5° Ils attribuaient même l'effet d'être la concession d'une propriété à perpétuité à une simple permission tacite.

6° Leur droit, disaient-ils, était une propriété comme un champ. comme une maison, on les dépouillait quand on portait atteinte à leur monopole de reproduction.

7° Les libraires avaient aussi la prétention d'être préférés aux auteurs.

Les réponses de Morin, acceptées par d'Hémery, furent topiques, quoiqu'il en ait été oublié de très sérieuses. Ainsi on ne faisait pas assez ressortir que la décadence de l'art a été la conséquence de la suppression de la liberté de la fabrication, puisque les premiers imprimeurs exposés à cent mille concurrences avaient marché de progrès en progrès, tandis que les privilégiés ne craignant pas de rivaux avaient négligé la typographie et n'avaient plus rien fait de bien.

Quoi qu'il en soit, d'Hémery avait revu le travail, l'avait accepté et signé. Il l'avait mis d'abord en marge du mémoire. Ne se contentant pas de ce commentaire permanent, d'Hémery l'avait fait relever avec l'indication de la page et de la phrase à laquelle on avait répondu. Enfin ce secrétaire de la librairie attachait une telle importance à son œuvre qu'il avait fait le résumé de ses pensées et de ses réflexions, comme nous le montrerons bientôt.

En 1704, tout le monde a connu le mémoire et surtout les réponses : elles étaient devenues un document officiel. C'est imiter les procédés du père Loriquet, fausser l'histoire, que de ne pas parler de ces incidents quand on veut raconter ce que l'on pensait au XVIII° siècle de la propriété littéraire.

Maintenant comment convient-il d'éditer ces notes? Faut-il reproduire le mémoire pour l'en entourer? Faut-il, au contraire, les donner avec les renvois que d'Hémery a marqués lui-même? Le mémoire a été publié. C'est un tissu de fausses appréciations, jointes à des faits mal rapportés. Par conséquent il n'y a pas lieu de le réimprimer. Si le public ne l'avait pas, je me ferais un devoir de le lui donner, mais en l'état des choses ce serait perdre du temps inutile. Nous imprimerons donc simplement les notes comme elles sont autour de ce mémoire, et comme elles ont été groupées par leur auteur. La seule modification que je ferai au texte original, c'est de supprimer les renvois aux pages du manuscrit. J'ai d'ailleurs mis des numéros à ces observations, pour que l'historien futur de notre sujet puisse prendre telle partie qu'il lui conviendra de citer, en indiquant par un chiffre le passage auquel il se référera. Il ne sera donc pas obligé de nous imiter et de donner le document complet.

Il y a plusieurs manuscrits de ces notes avec ou sans le mémoire des libraires. On y voit quelques rares variantes. (Voir aux manuscrits de la Bibliothèque nationale la collection Anisson-Duperron. Voir surtout le volume 28,188.)

§ 12. — NOTES DE MORIN PRÉSENTÉES PAR D'HÉMERY A SARTINE.

Motifs de ce mémoire [1].

1. Les motifs qu'on fait valoir dans ce mémoire pour établir un système qui ne serait utile qu'à quelques libraires particuliers de Paris et qui serait ruineux pour le reste des libraires et surtout pour ceux de province, sont tirés d'un mémoire imprimé qui fut présenté en 1726 par le sieur Mariotte, syndic, et les sieurs Ganeau et Vincent adjoints à M. le garde des sceaux d'Armenonville. Ce magistrat fut si irrité contre ces officiers qu'il les força de donner leur démission et il en fit nommer d'autres par arrêt du conseil. Le sieur Vincent, qui avait imprimé ce mémoire, aurait été arrêté s'il ne se fût mis à l'abri par la fuite ou en se tenant caché. Si ce système avait lieu, M. le vice-chancelier n'aurait plus aucune grâce à donner; il exercerait une puissance passive; on verrait les seuls libraires propriétaires des privilèges causer la ruine de leurs confrères de Paris et des provinces et composer une petite république indépendante de toute autorité.

Abrégé historique des premiers imprimeurs établis en France; leur succès, leur commerce.

2. Dans ces premiers temps, les libraires et les imprimeurs moins avides et plus honorables que ceux de nos jours, ne travaillaient presque que pour leur gloire. Aussi combien y en eût-il de célèbres !

---

[1] Les titres en *italiques* sont de l'auteur des notes (manuscrit n° 22,070).

Origine des premiers fonds de librairie.

3. L'époque de la décadence de la librairie remonte au temps où l'on a commencé à regarder la librairie comme un objet de commerce.

4. Tout ce qu'on dit ici n'est pas vrai. Il y a beaucoup de ce qu'on appelle livres rares qui ont eu un grand succès et un grand nombre d'acheteurs. Il est de fait que les grands dictionnaires ont enrichi les libraires. Chaque édition de Moréri a valu plus de cent mille livres. Les œuvres de Corneille, de Racine et de Voltaire ont eu peut-être cent éditions.

Premiers inconvénients de la concurrence en fait de librairie.

5. On pourrait répondre à cet article qui est bien écrit et assez bien raisonné, qu'il en est de la concurrence en fait de librairie comme pour toutes les autres marchandises, qu'il en résulte du bien et du mal; qu'il est à craindre que l'auteur de grandes et belles entreprises soit découragé, crainte qui n'est peut-être pas fondée. Le public y gagne doublement : 1° l'auteur d'une belle édition est obligé d'en baisser le prix; 2° ceux qui ne sont point en état d'acheter cette belle édition, profitent du bon marché de celle qui est inférieure, et se procurent un ouvrage qu'ils ne pourraient acquérir. D'ailleurs, le commerce a toujours animé l'industrie et excité l'émulation, mais tout cela est étranger à l'objet principal de ce mémoire et il est inutile de s'y arrêter.

Première origine des privilèges exclusifs.

6. Dans le principe, on n'avait besoin que de la permission du roy pour imprimer, mais dans la suite quelques libraires imprimeurs ayant fait des dépenses considérables, soit pour l'achat d'un manuscrit, soit pour l'impression, etc., demandaient au roi un privilège exclusif que Sa Majesté leur accordait pour le temps qu'elle jugeait à propos.

Premiers motifs de représentations contre ces privilèges.

7. Le nommé Kerver, libraire, ayant obtenu, en 1572, un privilège exclusif pour l'impression des bréviaires diurnaux, la communauté des libraires attaqua par son syndic le privilège de Kerver, ou plutôt elle s'élevait contre tous privilèges semblables prétendant qu'ils étaient contraires à la liberté du commerce et à l'utilité du public, auquel le libraire donnait la loi par rapport au prix d'un livre dont il avait seul le débit. Elle exceptait néanmoins le cas où un libraire aurait eu des frais à faire, soit pour l'auteur, soit pour l'habile correcteur qui aurait veillé à la bonne exécution de l'ouvrage. Hors ce cas, elle soutenait que la vente des livres devait être libre et commune à tous les libraires. Et elle demandait en conséquence que l'Université poursuivît auprès du

roi la révocation du privilège obtenu par Kervor. L'affaire ayant été proposée par le recteur, le syndic de l'Université donna ses conclusions conformes à la requête de la communauté desdits libraires, qui obtint la cassation de ce privilège.

Quelque temps après, des libraires de Lyon ayant obtenu un privilège pour l'impression du Corps de Droit, le recteur empêcha que ce privilège ne fût exclusif et il conserva aux libraires de Paris la liberté d'imprimer la même collection. Les mêmes raisons que les libraires faisaient valoir alors subsistent mais ils ont bien changé de système.

Les privilèges sont limités.

8. Les privilèges furent limités parce qu'on ne les regardait pas comme un bien héréditaire et perpétuel.

Privilège accordé à l'expiration du précédent.

9. On accorda la continuation de ces privilèges lorsqu'on avait des raisons légitimes d'en demander le renouvellement, et cela s'est toujours pratiqué.

Arrêts du Parlement contre la prorogation des privilèges.

10. Le parlement sentait combien cette prorogation était abusive et nuisible au corps entier de la librairie et au public.

Ce qu'on a dit dans cet article au sujet de Kervor n'est pas exact, et si quelques compagnies ont entrepris des ouvrages qui ont fait honneur à la typographie, les libraires de nos jours sont loin de les imiter; ils n'impriment que des livres dont le profit est sûr ou peu douteux. Ils refusent tout ouvrage considérable, quoique nécessaire à la nation. Ils laissent aux étrangers le soin d'enrichir la littérature des ouvrages savants et de plus belles éditions des livres anciens et modernes, et n'ont pas eu honte de voir sous leurs yeux des particuliers non libraires former parmi nous des entreprises honorables. Qu'ont produit en France les privilèges exclusifs? Qu'ont produit les compagnies des libraires? Des éditions pitoyables données cependant par souscription.

Qu'on en juge par l'histoire ecclésiastique de Fleury, dont le libraire Mariette a tiré plus de deux cent mille livres ; par l'histoire de France de Daniel, par celle d'Angleterre et par tant d'autres écrits qui ont enrichi nos libraires et déshonoré notre typographie.

Décision du conseil en faveur des privilèges et de leur continuation.

11. Le conseil agit avec justice en accordant la continuation des privilèges à ceux qui le méritaient.

Les privilèges pour d'autres objets changent de nature.

12. Tout ce qu'on a dit ici est absurde et ridicule. Où les libraires ont-ils pris que les privilèges ont changé de nature et sont non des privilèges mais des sauvegardes. Ils avancent cette proposition pour en venir à l'objet principal dont nous parlerons bientôt. Ils veulent prévenir l'objection qu'on pourra leur faire lorsqu'ils établiront, comme ils commencent à le faire dans cet article, que les privilèges sont un bien qu'on ne peut leur ôter sans injustice.

Raisons d'État de limiter les nouveaux privilèges.

13. On limitait les privilèges pour que les libraires n'en abusassent pas, comme ils faisaient ainsi que le parlement l'avait prévu.

On doit observer que tout ce qu'on ajoute ici est pris du mémoire présenté à M. d'Armenonville dont nous avons parlé plus haut et contre les auteurs duquel ce magistrat crut devoir sévir.

Le conseil veut une différence entre l'ancien privilège de grâce et les nouvelles lettres de sauvegarde.

14. Il faudrait avoir les yeux et l'intelligence des libraires pour sentir cette différence.

Multitude des procès jugés contre les contrefacteurs.

15. Les continuations de privilèges occasionnent les contrefaçons qu'il est cependant nécessaire de punir lorsque les privilèges existent.

On ne doit point laisser sans remarque une expression de ce mémoire. Il est dit : «*La communauté,* c'est-à-dire la partie *misérable, fit des remontrances.* » Donc, les propriétaires des privilèges ont toujours méprisé le reste de la librairie formant la communauté, et par conséquent le plus grand nombre s'est toujours élevé contre le despotisme des propriétaires de privilèges et a regardé les continuations comme la ruine de la librairie.

Le conseil statue sur les privilèges et leur continuation.

16. Le conseil n'a point statué sur les continuations, mais lorsqu'il a cru nécessaire d'en accorder il a sévi contre les contrefacteurs et cela était juste.

Origine des premiers enregistrements. Le syndic autorisé à prévoir le cas où deux impétrants obtiendraient un semblable privilège.

17. L'annonce de ce titre est vicieuse; ni l'arrêt du conseil du 20 décembre 1649, ni l'arrêt du règlement du 27 février 1665 n'autorisent le syndic à prévoir ce cas. C'est un règlement de police de librairie sagement établi pour constater l'existence du privilège à tous ceux qui vou-

draient en connaître et pour prévenir les contrefaçons ; mais non seulement il n'est pas permis, mais il est défendu au syndic de faire à cet enregistrement aucune opposition.

On doit relever encore ici une expression indécente : *la partie indigente et rapace de la communauté*. Preuve que la partie indigente de la communauté a souffert dans tous les temps de la continuation des privilèges accordés aux premiers propriétaires et qu'elle s'en est plainte constamment, et cela est constaté par la démarche du syndic Etienne dont on parle ici avec mépris.

Le conseil juge contre les contrefacteurs, confirme les droits de suite aux privilèges.

18. On observera : 1° que cet arrêt du conseil punit les contrefacteurs et cela est très juste puisque la continuation d'un privilège a la même force et n'est même pas autre chose que le privilège ; 2° qu'il paraît, par l'énoncé de cet arrêt, qu'il y avait eu un soulèvement contre la continuation des privilèges tant à Paris que dans les provinces ; 3° que dans cet arrêt du conseil on ne confirme pas absolument celui du 20 décembre 1649, mais qu'on l'interprète et qu'on n'y trouve point une phrase équivoque qui semblerait donner à ceux qui ont obtenu un privilège, le droit et la préférence d'en demander la continuation ; 4° qu'on est si éloigné de regarder les privilèges comme un droit héréditaire qu'on défend d'en demander et d'en accorder la continuation après leur expiration ; 5° qu'il est faux, comme on l'avance ici, que *le syndic puisse toujours refuser l'enregistrement des privilèges*. L'arrêt n'en dit rien et un arrêt postérieur le défend expressément.

Le droit au privilège ne s'éteint pas même à son expiration.

19. Principe faux qui n'est fondé sur aucune loi.

Arrêt du conseil en conséquence.

20. Cet arrêt du 10 janvier 1750 regarde moins le crime de la contrefaçon que celui d'avoir imprimé sans permission après l'expiration du privilège.

Ce que disent ici les libraires est absolument faux. Parmi les livres saisis, il y en avait de contrefaits sur des libraires qui avaient des privilèges existants ; d'autres dont le privilège était échu, d'autres qui étaient nouveaux, mais pour lesquels on n'avait demandé ni privilèges, ni permission.

L'arrêt ordonne : 1° que les livres du premier genre seront confisqués au profit des propriétaires des privilèges ; 2° que les seconds, c'est-à-dire ceux dont les privilèges étaient expirés, seraient mis au pilon. Il n'est donc pas vrai qu'ils aient été livrés à ceux qui avaient précédemment des privilèges. Il n'est pas vrai que le conseil ait regardé le privi-

lège expiré comme un titre de propriété, puisqu'il met de la différence
entre les livres dont le privilège existe et ceux dont le privilège est expiré. Les anciens propriétaires de privilèges ayant encore un grand
nombre d'exemplaires de ces livres, il était juste de défendre la vente
des livres contrefaits.

21. Cela est faux. On a dit plus haut les raisons de l'enregistrement.
Les libraires voudraient-ils s'ériger en tribunal souverain et établir
que les arrêts du conseil pour fait de librairie n'ont de force qu'autant
qu'ils sont enregistrés dans les chambres syndicales.

Parallèle du privilège ancien au privilège moderne.

22. Tout ce qu'on dit ici n'est qu'une déraison que les libraires adop-
tent pour faire valoir leurs prétentions. Les privilèges ne sont que des
grâces passagères, bien différentes de la possession d'une maison, d'une
terre, etc., etc.

Les libraires ne sont que des marchands qui achètent une marchan
dise. Ils obtiennent un privilège pour la fabriquer et pour la vendre
exclusivement pendant un certain nombre d'années. Le roi devient le
maître ensuite de transmettre le même droit ou à l'auteur, ou au même
libraire, ou à un autre, suivant les raisons qu'il peut avoir pour se déterminer dans ses grâces.

On ne sait si ce qu'on dit dans cet article des livres contrefaits en
Angleterre est exact, mais les usages de Londres n'ont rien de commun
aux usages de Paris.

Le droit de l'acquéreur est le même que celui du propriétaire.

23. Les principes établis dans cet article sont exactement les mêmes
que ceux que l'on faisait valoir dans le mémoire présenté à M. d'Armenonville, mémoire qui irrita et dut irriter ce magistrat, mémoire dont
il punit les auteurs. Ces principes sont énoncés avec encore plus de
vigueur et d'audace qu'ils ne l'étaient dans l'écrit des anciens syndics
et adjoints. On n'a qu'à lire, pour s'en convaincre, la page suivante.

Le libraire qui achète un manuscrit acquiert un droit au privilège et
ce privilège est toujours accordé ; après l'expiration on le renouvelle autant qu'il plaît au Roi, et que le libraire a des raisons légitimes d'en
demander la continuation. Mais le ministère qui est le dispensateur des
grâces peut disposer de ce privilège comme il le juge à propos, et on
n'a qu'à consulter à cet égard, l'arrêt du conseil du 17 février 1665 et
*cela sans méditer l'invasion la plus atroce, sans se jouer des conventions et
des propriétés,* sans léser uniquement, etc.

On doit rassurer les libraires sur ce qui concerne les auteurs. Les
droits de ces derniers sont sacrés, on ne leur refusera jamais et on ne
leur a jamais refusé un renouvellement de privilège pour leurs propres

ouvrages. On accorde cette grâce même à leurs enfants, mais lorsque ces écrits sont devenus un bien public, le ministère est en droit d'en donner le privilége au libraire ou au parent de l'auteur qu'il veut favoriser.

Les libraires, comme ils l'observent ici, vendent, transmettent, donnent en dot à leurs filles les grâces du Roi. C'est un abus établi par l'usage, abus qu'il est essentiel de corriger pour l'avenir et qu'on ne pourrait détruire dans le moment sans inconvénient; mais on peut le laisser subsister quelques années pour les effets anciens de librairie, et empêcher qu'il ne s'introduise pour les nouveaux ouvrages.

Vrai aspect sous lequel on peut considérer les priviléges en librairie.

24. Le privilége, encore un coup, n'est qu'une grâce que le prince accorde ou renouvelle pour le temps qu'il croit nécessaire pour dédommager le libraire. On n'a qu'à consulter l'arrêt de règlement du 27 février 1665, on y verra les raisons du renouvellement des priviléges, et on y verra que les priviléges n'ont jamais été regardés comme un bien héréditaire.

Première observation sur les inconvénients du transport des priviléges.

25. Il est juste en effet d'annoncer aux libraires l'esprit du gouvernement concernant les priviléges dont ils abusent et dont ils ont abusé. Il serait essentiel de faire une loi claire et précise à ce sujet; mais il faut des précautions et du temps pour rétablir les choses comme elles doivent être.

Toutes les observations des libraires ne sont qu'une suite de leur système, mais elles ne sont appuyées sur aucune loi, comme ils l'osent avancer.

La raison la plus forte qu'ils allèguent est relative à leur commerce, mais il n'est pas bien décidé que la librairie doive être regardée par le gouvernement sous ce point de vue d'ailleurs; cette raison, bonne pour quelques particuliers de Paris, est nulle pour d'autres et pour les libraires de province et on n'a pas besoin de le prouver.

Quant aux conditions qu'ils imposent d'acheter leurs fonds, dans tous ces cas on doit s'en rapporter à la sagesse du gouvernement qui prendrait les mesures les plus justes pour ne léser personne.

Deuxième et troisième observations.

26. On a déjà réfuté l'idée bizarre des libraires de regarder les priviléges non comme des priviléges, mais comme des sauvegardes. Les priviléges sont des grâces du prince, dont M. le vice-chancelier est le dispensateur envers ceux qui sont dans le cas de les mériter.

Nature d'un fonds de librairie.

27. On peut comparer ce fonds à beaucoup d'égards au fonds d'un marchand de draps et de soieries ou d'autres effets, et par ce moyen on répondra à tout ce beau raisonnement.

Toute concurrence est destructive en librairie. La concurrence nuit également aux bonnes impressions et aux grandes entreprises.

28. Ce qu'on appelle ici innovation dérangerait un peu la fortune de quelques libraires riches, mais aussi elle ferait le bien de tous les autres, et de presque tous les libraires du royaume qui sont dans la plus extrême misère.

D'ailleurs tout cet étalage de raisonnements porte à faux. Le privilège prévient tous les maux qu'on fait envisager. Ils seraient réels, si on permettait les contrefaçons; mais il n'y a jamais de concurrence lorsqu'un libraire a un privilège exclusif.

Il y en a pour les livres anciens et qui ne s'impriment que par permission des sceaux, permissions locales qu'on donne à Jacques et à Pierre.

Il arrive par cette concurrence que le public recherche les bonnes éditions et néglige les mauvaises.

Le calcul qu'on fait pour le *Dictionnaire de la Fable* n'en imposera à personne. Pourquoi en imprimer 6,000 exemplaires? Si le livre a de la vogue, et qu'il y ait un privilège, les 6,000 exemplaires seront vendus et au delà et le libraire aura gagné 10, 20 et 30 mille livres. Quel mal y a-t-il de donner ensuite ce privilège à un autre. S'il n'y a pas de privilège, on ne tirera de ce livre que ce que l'on peut en raisonnablement vendre.

Mais on l'a dit et on le répète, le ministère n'est pas dans l'intention de favoriser les contrefaçons et par là tout le raisonnement des libraires tombe.

Les œuvres de Corneille, dit-on ici, se vendaient 3 livres le volume, et quelle édition encore ! On en fit une à Genève et celle de Paris diminua de prix. 1° C'était injustement et contre le bien public que Corneille se vendait 3 livres le volume. 2° Elle est devenue à vil prix ; par là on a puni les libraires de leur avidité et on n'a fait aucun tort aux anciens propriétaires du privilège, parce que cet ouvrage leur avait produit des sommes difficiles à calculer.

S'ils avaient fait une édition supérieure à celle de Genève ils auraient eu la préférence.

*Fausse comparaison entre un privilège exclusif pour une manufacture et un
privilège pour un livre.*

29. Il y a longtemps qu'on a dit que tout privilège exclusif était nuisible au bien général et on s'est souvent élevé contre tout privilège de
manufacture qui gêne l'industrie et met des entraves au commerce ; cependant un privilège de manufacture est rarement à charge et ne ruine
personne, au lieu qu'un privilège accordé à un libraire, lorsqu'on lui en
perpétue la continuation, fait tort à tous ses confrères.

L'exemple qu'on cite de Durand est une preuve de l'abus des priviléges vendus et revendus à un libraire et à un autre. Les auteurs du
mémoire ne disent pas la véritable cause de la ruine de ce libraire.
Tout le monde sait que Durand ne s'étant pas trouvé en état de faire
honneur à ses engagements achetait fort cher tout ce qu'il trouvait dans
la librairie parce qu'il avait un crédit d'un an, de deux et quelquefois
de trois, et qu'il vendait sur-le-champ à moitié perte et argent comp-
tant. Il payait avec ses rentrées les dettes pour lesquelles il était pour-
suivi. Cependant on exagère peut-être l'état de sa succession et on pourra
en juger après l'entière liquidation. Toujours est-il vrai que sans cette
facilité de vendre et d'acheter des privilèges, il n'aurait pas eu l'ambi-
tion de tout envahir et n'aurait fait que des entreprises moins hasar-
deuses et mieux combinées.

Réponse à une objection.

30. Cet article qui ne contient que des mots et auquel on peut opposer des raisons n'a pas besoin de réponse.

La translation arbitraire n'a nulle analogie, ni à l'utilité, ni au bien public.

31. Même réponse que la précédente

Les libraires disent positivement à la fin de cet article et à la page
précédente que les privilèges ne sont point une *grâce qu'on puisse leur
accorder ou leur refuser ; mais une garantie d'une vraie propriété.* Système
faux, système destructif de l'autorité du ministère, et qui entraînerait
la ruine de toute la librairie.

Il pourrait arriver, d'après ce principe, qu'un seul homme envahirait
enfin tous les privilèges existants dans Paris et dans les provinces. Supposons un homme assez riche pour surfaire à toutes les enchères des privilèges ou portion de privilèges vendus ou à vendre à la chambre syndicale, il envahira tout et exercera un despotisme odieux, et sur tous les libraires, et sur le public, et sur le ministère même. Ce qui peut arriver à
un seul homme arrive à plusieurs. Les privilèges ne sont entre les mains
que des libraires riches, de ceux qui élèvent aujourd'hui des principes
qui seraient désavoués et contredits par tous leurs confrères.

Fausses vues dans la concurrence des permissions communes.

32. Cela ne conclut rien dans l'affaire présente.

La concurrence accordée, quelle épargne opérerait-elle en faveur du public.

33. Le public payerait les livres moins cher, il les aurait mieux imprimés et les libraires seraient plus heureux.

Sans doute les libraires de Paris ne feront jamais de grandes entreprises, parce qu'ils ne sont pas commerçants, parce qu'ils n'entendent rien aux grandes spéculations de commerce, parce que, voulant gagner sûrement, ils se renferment dans des impressions peu coûteuses! A Liége même on vient de réimprimer le Du Cange. Les libraires ont-ils plus de privilèges? Non. Mais ils ont plus d'industrie. D'ailleurs tout cela est inutile, puisque l'intention du ministère est d'accorder des privilèges.

Efforts qu'a fait la librairie dans les temps difficiles et malgré toutes sortes de contradictions.

34. Elle n'en a fait aucun, puisque la plupart des livres utiles manquent. Le dictionnaire Pontas et tant d'autres sont dans le même cas.

Quant aux livres de droit de peu de rapport, ils manquent tous, comme les libraires l'observent, et on pourrait peut-être obliger les Chambres syndicales à imprimer ceux qui sont absolument nécessaires, sauf à les dédommager par quelques bons privilèges pour vingt années.

Réflexions sur la translation arbitraire des privilèges.

35. Mauvais raisonnement. Jamais la librairie n'a été si brillante que dans les premiers temps, parce qu'alors les grands hommes qui la composaient n'avaient en vue que leur gloire et non l'avidité qui dirige ceux de nos jours.
. &

Premier essai d'un auteur.

36. Tout cela n'est que du verbiage. Il faut consulter les auteurs pour savoir la manière avec laquelle il sont traités par les libraires.

Si cet auteur dont on parle ne fait qu'un livre et un livre excellent, le libraire s'empare du privilège et l'auteur meurt à l'hôpital couvert de stériles lauriers. Il serait bien flatteur, bien honorable pour le ministère, de le tirer de la misère en lui donnant le renouvellement du privilège après l'expiration de celui qui aurait été accordé au libraire.

Si quelques auteurs ont tiré un bénéfice honnête de leurs travaux, mille libraires ont fait une fortune immense sur les productions de plusieurs hommes célèbres qui ont langui dans l'indigence. On pourrait accabler les libraires d'un million d'exemples.

Motifs d'encouragement pour un auteur établi et détruits.

37. Voyez la note précédente.

Malapert.

4

Considérations et ressources qu'ont les lettres en France.

38. Cet article est tiré du mémoire présenté à M. d'Armenonville.

Cette considération est étrangère aux libraires. Les auteurs, connaissant la justice et la sagesse du gouvernement, savent bien qu'ils seront toujours préférés lorsqu'il sera question de renouveler le privilège de leurs ouvrages.

Réponse à nombre d'objections.

39. Tout cela peut et doit être regardé comme un pur verbiage.

De mille auteurs il n'y en a pas un seul qui ne pense que le privilège expiré, il a le droit d'y rentrer.

Il n'est pas vrai et il ne le sera jamais que la propriété d'un privilège soit la même que celle d'une terre.

Enfin ce ne sont là que des mots.

40. Les libraires riches souhaiteraient la diminution des libraires pour diminuer le nombre de ceux qui ont droit de se plaindre.

Tout ce qu'on ajoute est fondé sur le principe faux qu'un privilège est un bien héréditaire, un titre de propriété aussi respectable que celui d'une maison.

Nécessité de remettre les choses dans les principes des lois établies.

41. En remettant les choses dans les principes des lois établies, on détruira les prétentions des libraires sur les privilèges auxquels les lois établies n'ont jamais donné la force d'une propriété permanente et héréditaire; on ne donnera des grâces qu'à ceux qui les méritent, et on excitera l'émulation parmi les libraires et les imprimeurs par la faveur des privilèges accordés en récompense de leurs travaux.

Tout ce qu'on ajoute ensuite sur les contrefacteurs est très juste, et on ne peut qu'y applaudir.

Exemple du dommage causé par la contrefaçon.

42. Sans doute il faut arrêter les contrefaçons et on est bien de l'avis des libraires.

Mais ce qui occasionne les contrefaçons, c'est l'impossibilité où sont les libraires et les imprimeurs et surtout ceux des provinces d'obtenir des privilèges.

L'état d'incertitude et de risque va enrichir l'étranger.

43. Il faut empêcher les contrefaçons, on le répète avec les libraires.

Il ne peut y avoir d'incertitude dans l'état des libraires. On leur donnera des privilèges et on s'efforcera de punir les contrefacteurs.

Les libraires de Paris ou de province réduits à recourir aux éditions étrangères de nos propres ouvrages.

44. Comment peut-on citer l'histoire ecclésiastique de M. Racine ; cet ouvrage n'a coûté aux libraires qu'une pension viagère de 2,000 livres, qu'ils n'ont payée que pendant deux ans. Elle a produit aux libraires plus de 80,000 livres. Ils ont pris le parti de faire imprimer à Avignon parce que l'édition leur coûte moins qu'à Paris! Que résulte-t-il de là? 1° que les auteurs sont toujours dupes des libraires; 2° que ce sont les libraires qui, au mépris du bien national, enrichissent les presses étrangères; 3° que si on avait permis à d'autres libraires d'imprimer ce livre à Paris, la France y aurait gagné la main-d'œuvre, le papier, et le profit aurait été partagé entre plusieurs libraires indigènes.

Abus des échanges. Concurrence de l'étranger nuisible.

45. On doit empêcher les contrefaçons qui se font chez l'étranger à moins que leurs éditions ne soient mieux exécutées que celles qui sont en France.

On est absolument d'accord avec les libraires.

Quant à ce qui concerne les échanges, on aurait beaucoup de choses à dire, mais il faudrait parler à de véritables commerçants, et les libraires, du moins ceux de Paris, ne le sont pas.

Des permissions tacites.

46. C'est un système bien singulier de ne mettre entre l'autorisation authentique et publique, qui n'est autre chose que le privilège et la permission tacite, d'autre distinction que celle de la décence.

Quant aux leçons, aux règles de police que les libraires suggèrent aux gens en place, c'est au magistrat à les apprécier.

Nécessité d'abroger toute concurrence intérieure.

47. On ne fera aucune réflexion sur cette anecdote vraie ou fausse.

Les magistrats savent ce qu'ils ont à faire dans cette occasion.

Avantage de la concurrence du commerce extérieur.

48. Il est peut-être contraire au bien du gouvernement de regarder la librairie uniquement comme un objet de commerce.

Les préposés semblent s'immiscer de donner des permissions.

49. On ne sait sur quoi porte ce reproche.

Les permissions tacites donnent la même propriété que les privilèges.

50. On ne se serait jamais attendu que des gens sensés parlant à un magistrat éclairé et dépositaire des grâces en fait de librairie eussent pu avancer une telle proposition.

Répliques aux idées systématiques des novateurs sur les communautés.

51. Le système des prétendus novateurs et la réfutation de leur système sont étrangers à la question présente.|Sans doute on doit protéger les communautés, mais rien n'est plus contraire au bien général de la librairie du royaume et aux différentes communautés des libraires que les idées des auteurs de ces représentations.

*La tolérance des colporteurs, contraire aux règlements, est nuisible
à la communauté.*

52. Les colporteurs font en effet un grand mal à la librairie, mais ils ne lui sont pas inutiles, et ce sont les libraires eux-mêmes qui ont occasionné leur établissement. Ces colporteurs prennent leurs nouveautés chez les libraires et les distribuent dans les maisons. Ils donnent de l'activité au commerce, et sans eux beaucoup d'ouvrages resteraient dans les magasins. Quant aux abus qu'on relève ici, c'est au magistrat à les réprimer.

La loi seule s'oppose à la réception de nombre de ceux qui se présentent.

53. Tout cela est vrai.

Le roi seul peut dispenser de la loi.

54. Sans doute.

Prétextes spéciaux en faveur des colporteurs.

55. Cela est vrai et il serait à souhaiter qu'on pût placer quelques libraires hors des limites de l'Université; cela remédierait à une partie du mal.

Expédient proposé en faveur de certains colporteurs.

56. C'est au magistrat à juger de cet expédient qui pourrait ruiner les libraires pauvres et ne serait avantageux qu'aux libraires propriétaires de privilèges.

Conclusions sur les privilèges.

57. 1° Aucune de ces lois n'a établi le système des auteurs de ce mémoire. Il est juste que ces anciennes lois soient raffermies. Nous les avons analysées dans le cours de ce mémoire.

2° Il n'est pas vrai que ces arrêts, ces lettres patentes, etc., etc., aient décidé que les privilèges cesseraient d'être des privilèges et ne seraient que des sauvegardes. Les privilèges ont toujours été regardés comme des grâces dont le roi peut disposer; grâces qu'on accorde aux libraires ou aux auteurs et qu'on leur renouvelle toutes les fois que M. le vice-chancelier le juge à propos, et qu'il peut refuser ou transmettre à d'autres sans injustice, et lorsqu'il en a des raisons légitimes.

3° Cette proposition est absurde et ridicule. Il est vrai seulement

qu'un ouvrage imprimé par permission tacite ne peut être réimprimé
que par une nouvelle permission, mais jamais une permission tacite n'a
eu, n'aura et ne peut avoir la force d'un privilège.

4° Cela ne peut être autrement.

5° Non, parce que ce sont des grâces dont M. le vice-chancelier doit
disposer et qu'il peut continuer, refuser ou transmettre à son gré.

6° Sans doute.

7° Rien de plus dangereux, de plus humiliant pour l'administration
que de permettre que le syndic soit autorisé à suspendre l'enregistrement des privilèges ou des permissions des sceaux sous prétexte d'opposition de la part des anciens propriétaires, et cela est défendu par
des arrêts du conseil.

8° C'est à M. le vice-chancelier à en gratifier le libraire qu'il aura
des raisons de protéger. Cette contrefaçon peut nuire au commerce de
la librairie en général et empêcher les échanges, mais il est inutile de
donner des leçons de commerce aux libraires de Paris.

Conclusions sur les contrefacteurs.

58. Rien n'est plus juste que de sévir contre les contrefacteurs et en
général contre tous ceux qui impriment sans permission. Il serait très
utile qu'on trouvât des moyens efficaces pour détruire l'avidité des
contrefacteurs.

L'expédient que les libraires proposent pour les contrefaçons étrangères est impraticable; il tendrait à la ruine du commerce et ce serait
une tyrannie affreuse. Comment, par exemple, pourrait-on exiger que
des livres que Marseille tirerait de Nice fussent conduits à Paris pour
y être visités et de là être envoyés à Marseille!

Conclusions sur les colporteurs.

59. Tout ce qu'on dit sur les colporteurs est assez juste. Cet article
regarde la police du magistrat, et il y a mille considérations pour et
contre qu'il est inutile de placer ici, mais quelque parti qu'on prenne
sur les colporteurs, il ne serait pas juste de saisir à la chambre tous les
ballots de livres adressés à des particuliers. Il y a de la différence entre vendre des livres et en faire venir.

60. Il serait, en effet, avantageux au public et au corps de la librairie
qu'on permît à une vingtaine de libraires de s'établir au delà des ponts;
mais l'Université s'y oppose toujours.

Le travail de Marin était complet;| je n'ai pas trouvé néces-
saire de reproduire les instructions sur lesquelles il avait eu à for-
muler des réponses. Elles sont très souvent le texte même qu'il a

adopté; leur reproduction n'aurait eu aucun intérêt. Mais je crois, au contraire, que le lecteur sera bien aise de connaître le mémoire de d'Hémery, dans lequel celui-ci a résumé son opinion. Sartine semble l'avoir gardé par devers lui et ne pas l'avoir communiqué au garde des sceaux; cependant il y aurait témérité à se prononcer trop affirmativement à cet égard.

Observations générales sur ce mémoire.

« En lisant ce mémoire on a écrit à la marge des observations courtes et sommaires pour répondre à différents articles qu'on y traite. On aurait pu s'épargner cette peine par la simple analyse de cet écrit et en présentant aux yeux de M. le vice-chancelier les seuls principes que les auteurs de ces représentations veulent établir.

« Ces principes sont : que les privilèges ne sont que des sauvegardes, et non des grâces; qu'ils sont un titre de propriété, un bien héréditaire aussi sacré, aussi respectable qu'une maison, qu'une terre; que les libraires peuvent le transmettre, le vendre, le céder à leur gré; que ce serait une usurpation de les en dépouiller; qu'une fois acquis, le ministère ne peut le leur ôter; que le roi n'a ni le droit de disposer d'un privilège expiré, ni le pouvoir d'en refuser la continuation.

« Tel est le résultat de ce mémoire. Or : 1° Le contraire a été décidé par arrêt du 10 janvier 1750, que les auteurs du mémoire ont en leur faveur. Par cet arrêt on confisque à Toulouse des livres dont les uns avaient un privilège existant, et les autres avaient un privilège qui était expiré. On rendit au propriétaire du privilège existant les premiers et on mit les autres au pilon. Donc par cette différence, le Conseil jugea que les privilèges ne sont point un bien héréditaire, puisqu'il ne rendit pas les livres au propriétaires du privilège expiré. Il les fit mettre au pilon parce qu'ils avaient été imprimés sans permission.

« Le contraire a été décidé par l'arrêt de règlement du 17 février 1665, dans lequel il est dit que les libraires qui voudront obtenir des continuations de privilège seront tenus de se pourvoir par devant sa Majesté un an avant l'expiration de ces privilèges; leur fait, sa Majesté, défense d'en demander ni obtenir après ce dit temps passé. Donc la continuation des privilèges dépend de la volonté du Roi à qui il faut s'adresser pour le demander. Donc ce n'est pas un droit perpétuel et héréditaire, puisque sans la formalité de la demande un an avant l'expiration de l'ancien privilège, il est défendu d'en demander et d'en obtenir.

« Observons encore que l'arrêt du Conseil indique les motifs pour solliciter le renouvellement des privilèges, ordonne que ceux qui auront obtenu des privilèges pour imprimer et vendre pourront en obtenir des continuations pour se récompenser de leurs avances, frais, travail, etc., donc il no regardait pas cotte continuation comme un droit acquis, comme un titre irrévocable, mais comme une grâce accordée un considération des avances, frais, travail, etc.

« Le contraire a été décidé par l'arrêt du Conseil du 10 avril 1725, qui ordonne, art. IV, qu'on remettra à M. le garde des sceaux un état des privilèges dont on n'aura pas fait usage pour être annulés et être accordés de nouveau ou de simples permissions à ceux qui feront leurs soumissions de les réimprimer promptement; donc le Roi no regarde pas les privilèges comme un titre de propriété, puisqu'il se réserve le droit de les donner à son choix.

« Le contraire a été décidé par l'arrêt du Conseil du 14 septembre 1761. Plusieurs libraires de Paris avaient obtenu anciennement des privilèges pour les œuvres de La Fontaine. Ces privilèges étaient expirés, le Roi en accorda aux demoiselles La Fontaine pour les fables et œuvres du sieur de La Fontaine leur aïeul. Les libraires firent opposition à l'enregistrement du privilège. Les demoiselles de La Fontaine s'adressèrent au Conseil et l'arrêt qui est intervenu porte : « Il est certain qu'aucun libraire ou imprimeur n'a de privilège subsistant pour l'impression des ouvrages du sieur de La Fontaine. Les suppliantes ont donc pu réclamer la bonté du Roi pour obtenir la permission qui leur a été accordée. Les suppliantes descendent en ligne droite du sieur de La Fontaine, ainsi ses ouvrages leur appartiennent naturellement par droit d'hérédité, puisqu'il n'existe aucun titre, aucun privilège qui les en prive. Le Roi en son conseil a déclaré et déclare nul l'acte d'opposition, etc. »

« 2° Le syndic Mariette et les libraires Vincent et Ganeau adjoints présentèrent en 1726 à M. le garde des sceaux d'Armenonville un mémoire imprimé dans lequel ils s'efforçaient d'établir le système des auteurs de ces représentations. Ils le produisaient à la vérité, sans ambiguïté, sans déguisement, sans observations étrangères et sans cet attirail d'érudition et de recherches qu'on a trouvé ici. Les maximes qu'on élevait dans ce mémoire irritèrent tellement M. d'Armenonville qu'il força les syndics et adjoints de donner leur démission et il en fit nommer d'autres par arrêt du conseil. *Vincent*, qui avait imprimé cet écrit, aurait même été arrêté s'il ne se fût tenu caché. Comment après un tel exemple ose-t-on produire les mêmes idées et s'exposer à la même peine.

« 3° Si ce système avait lieu, M. le vice-chancelier n'aurait plus aucune grâce à donner. Toutes les fonctions pour la librairie se borneraient à sceller les privilèges. Il exercerait une puissance passive, sans force, sans autorité. Soumis aux propriétaires des privilèges, il ne pourrait leur refuser des renouvellements, ou continuation, quelques raisons qu'il eût de les en dépouiller et d'en gratifier des libraires ou les auteurs mêmes des ouvrages. Il ne pourrait pas même accorder une permission tacite, s'il en avait donné une précédemment.

« 4° Les propriétaires des privilèges formeraient une classe d'hommes qui envahiraient tous les effets des libraires; ils formeraient une république indépendante de l'autorité; ils exerceraient un despotisme sur le ministre et sur le reste des libraires. On a dit dans les notes et on répète ici qu'un seul homme pourrait un jour acquérir tous les privilèges existants et engloutir par son avidité toute la librairie. Du moins une compagnie de libraires riches pourrait-elle s'emparer des principaux effets de la librairie et réduire leurs confrères dans la misère et dans la nécessité humiliante de devenir leurs colporteurs et leurs commissionnaires.

« 5° Les principes annoncés dans ce mémoire n'étant utiles qu'aux seuls propriétaires de privilèges seraient désavoués par le reste de la communauté.

« 6° Ils seraient encore plus contredits par les libraires de province, qui étant éloignés de la capitale, où les lettres semblent se concentrer, sont dans l'impuissance de solliciter des privilèges pour des ouvrages nouveaux et perdraient l'espérance de se voir récompenser par le ministère de leurs travaux typographiques et de leur émulation. Ils seraient réduits à faire la commission pour les libraires de Paris et se verraient forcés par le besoin, plus puissant que les lois, à introduire des livres prohibés ou à contrefaire des livres permis.

« 7° Ces principes seraient combattus par les auteurs qui espéreraient rentrer dans leurs droits après l'expiration du privilège cédé à un libraire. Un auteur après dix ou douze ans de travail cède le fruit de ses veilles pour une légère rétribution que l'avidité du libraire lui refuse bien souvent.

« Le livre donné quelquefois gratuitement réussit cependant et produit un bénéfice énorme, l'auteur dégoûté par la dureté des libraires renonce aux lettres et vieillit dans la misère. N'est-il pas barbare de lui refuser la continuation du privilège lorsque le premier est expiré? N'est-il pas concluant pour le ministère de récompenser un citoyen respectable, un homme de mérite, en le faisant rentrer dans des droits qu'il n'a cédés, qu'il n'a cru céder que pour le temps du premier privilège.

« 8° La petite portion des libraires de Paris, propriétaires des privilèges qui seule demande de nouvelles lois pour la propriété des privilèges, a-t-elle droit de faire des représentations qui intéressent toute la librairie du royaume? Est-elle chargée des pouvoirs des autres libraires de Paris? De ceux de toutes les provinces? Des particuliers ne peuvent demander que ce qui les concerne personnellement et lorsque d'autres particuliers sont intéressés à leur requête ils doivent y intervenir et l'on ne peut juger sans leur adhésion.

« 9° Tous les sujets sont égaux aux yeux du roi. Il leur doit à tous justice et protection. Les libraires des provinces sont des citoyens comme ceux de Paris, supportant également les charges de l'État et susceptibles des mêmes grâces.

« 10° Par conséquent, si le vice-chancelier avait le projet de prononcer sur ce mémoire, il serait de sa justice de le communiquer : 1° à chaque libraire de Paris; 2° à tous les libraires des provinces; 3° aux auteurs et aux gens de lettres, tous intéressés à soutenir ou à combattre les maximes qu'on s'efforce de faire valoir.

« 11° Le seul expédient à prendre pour arriver à se procurer les avis de ces différentes sortes de personnes serait de faire imprimer ce mémoire et les notes qui l'accompagnent et de l'envoyer aux communautés de libraires et aux diverses académies, les invitant de donner leurs observations à ce sujet.

« 12° M. le vice-chancelier, sans recourir à cette publicité, peut faire poser dans son conseil et contester la validité ou l'invalidité des réformes alléguées par les auteurs de ce mémoire et aviser aux moyens de prévenir de semblables démarches.

« 13° Il serait utile de décider bien positivement que les privilèges ne sont que de pures grâces que le Roi peut accorder ou refuser, continuer ou suspendre, selon les raisons qu'il peut en avoir.

« 14° On observe simplement qu'il serait dangereux de faire une réforme subite qui causerait la ruine de plusieurs libraires; on pourrait tout au plus faire une loi pour détruire l'abus introduit à cet égard, le prévenir pour les ouvrages nouveaux et prendre des mesures pour ce qui concerne les privilèges anciens.

« 15° C'est à la sagesse de M. le vice-chancelier à combiner les différents moyens et à ses lumières à choisir ceux qui doivent être préférés. »

Sartine fut très satisfait de d'Hémery dont il apprécia le zèle. La lettre, par laquelle il adressa le mémoire des libraires au vice-chancelier, est un témoignage qui prouve le cas qu'il faisait du secrétaire de la librairie, titre qu'il donnait à d'Hémery. Notre sujet tient peu de place dans cette lettre. J'avais pensé à ne publier que cette partie, puis j'ai changé d'avis. Les autres choses qui s'y rencontrent sont très curieuses; elles sont peu connues, par conséquent on nous pardonnera de tout reproduire. Ce qui s'y trouve sur les censeurs royaux a une très grande importance, au point de vue de l'histoire des lettres. Ces fonctionnaires étaient pris dans les rangs des plus illustres par leurs écrits. Ils se contentaient du traitement le plus minime, et encore tous ne l'obtenaient pas. Leur rôle, leurs attributions, n'étaient donc pas mal considérés. On pensait qu'ils étaient utiles et nul ne les accusait de remplir une tâche peu honorable. Leur situation serait bien autre aujourd'hui.

§ 13. — Envoi de Sartine au chancelier.

« Monseigneur,

« J'ai l'honneur de vous envoyer un mémoire que les libraires m'ont présenté. Il renferme les principes qu'ils voudraient établir touchant les privilèges. Ce n'est point d'aujourd'hui qu'ils élèvent ces prétentions. Ils donnèrent anciennement sur le même sujet un mémoire à M. d'Armenonville, garde des sceaux, qui crut devoir punir les auteurs.

« Les questions qu'on agite dans cet écrit sont importantes pour les fonctions que vous avez bien voulu me confier. Je l'ai lu avec attention et il m'a paru nécessaire de vérifier les faits allégués, de répondre à différents articles et de charger les marges de notes propres à ramener à la vérité les différentes allégations des libraires. J'ai tracé la nature et la forme de ce travail, et j'en ai chargé le secrétaire de la librairie. Il a suivi mes idées, en remplissant les vues que je lui avais indiquées, et je crois qu'il ne s'est point écarté des vrais principes de ce genre d'administration.

« Il est inutile, Monseigneur, de rassembler ici ces observations puisque le mémoire auquel elles sont attachées est soumis à vos lumières. Il suffit de remarquer que les libraires voudraient faire regarder les privilèges, non comme une grâce que vous pouvez accorder, refuser ou transmettre à votre gré, mais comme un bien acquis dont vous ne pourriez les dépouiller sans injustice. Dans cette idée, ils ont vendu jusqu'à ce jour et des privilèges entiers et des portions de privilèges et s'appropriant vos bienfaits, ils en ont trafiqué comme d'un effet de commerce.

« Cet abus devenu général dans la librairie serait difficile à corriger dans le moment. Ce n'est qu'avec le temps et avec précaution qu'on peut déraciner ce mal trop invétéré. M. le chancelier s'en occupait depuis plusieurs années, et votre sagesse profonde pourra trouver un remède capable de détruire un tel abus.

« En attendant le mémoire auquel les libraires travaillaient, j'avais suspendu le renouvellement de plusieurs privilèges qu'ils demandaient. Ce privilèges sont les meilleurs effets de la librairie ; Durand les avait acquis presque tous et en avait cédé différentes portions. Ses héritiers en sollicitent avec chaleur la continuation qu'ils ont déjà vendue dans son inventaire. Il y aurait peut-être inconvénient à la leur refuser, mais en leur accordant cette grâce, on pourrait leur imposer des conditions, ou ce qu'on appelle des *pensum*. C'est ainsi qu'en agissait M. d'Aguesseau. Lorsqu'il sera bien décidé que les libraires n'ont pas le droit de transmettre à perpétuité les privilèges, on pourra exécuter les plus grandes distractions de typographie en donnant un ou deux privilèges expirés pour dédommagement des frais qu'elles occasionnent.

« Parmi les privilèges dont on demande le renouvellement, il y en a deux qui méritent une attention particulière. Ce sont ceux de l'*Almanach royal* et des *Étrennes mignonnes*. L'un et l'autre peuvent produire trente ou trente-cinq mille livres. Le premier coûte quelques frais et il est chargé d'une pension pour le petit-fils de l'inventeur, le second n'exige de dépenses que celle de l'impression qui est très légère ; vous pourriez, Monseigneur, imposer une rétribution sur l'un et l'autre objet de mille livres ou de cent louis au moins que vous distribueriez à des gens de lettres.

« Pour dédommager les libraires de cette charge et la leur faire supporter sans murmurer, vous pourriez étendre la durée de leur privilège et la porter à vingt ou trente années.

« M. le chancelier était dans le dessein de mettre des impôts semblables, et il avait commencé par le journal de Verdun, sur lequel il a donné des pensions à MM. O. Bonamy, de la Bletterie et Anquetil.

« Il faut observer, Monseigneur, que le chef de la magistrature et des lettres n'a presque aucune grâce à distribuer dans ce genre, et qu'en établissant des pensions sur ces deux almanachs et sur d'autres ouvrages purement lucratifs, vous jouiriez de la satisfaction de récompenser les personnes qui se distinguent dans la littérature et qui ont besoin de secours.

« Vous avez beaucoup de censeurs royaux et dans le nombre il y en a qui méritent votre confiance. On retient toutes les années sur les sceaux quinze mille livres qu'on distribue en pensions aux censeurs; encore a-t-on pris sur cette somme seize cents livres dont on donne mille livres au concierge de la chancellerie de Saint-Germain, quatre cents livres à celui de la chancellerie de Versailles et deux cents livres à celui de Fontainebleau. Le reste est partagé entre trente-trois censeurs à raison de 400 livres chacun, excepté M. de Montarville dont la pension est de 600 livres.

« Il faut en convenir, Monseigneur, la faveur, comme il arrive toujours, a un peu décidé ce choix, et parmi ceux qui jouissent de cette pension il y en a plusieurs qui pourraient s'en passer, par les grâces qu'ils ont reçues d'ailleurs, et d'autres qui ne sont presque point employés.

« Ce qui vous surprendra, c'est que la place de secrétaire de la librairie, qui exige un travail fatigant et continuel, qui occupe entièrement un homme de lettres, et qui demande des lumières et de la probité, est non seulement sans aucune espèce d'émoluments, mais elle exige même des frais. On avait procuré à celui qui l'exerçait précédemment deux mille écus sur des objets étrangers à la librairie, et il les a gardés avec raison. Je ne vous fais point cette observation pour solliciter un bienfait

en faveur du secrétaire actuel de la librairie; c'est un homme sûr, qui
avec des besoins ne m'est attaché que par zèle, et qu'aucune vue d'intérêt ne peut diriger dans ses démarches; mais j'ai cru devoir vous
représenter seulement que si vous aviez des grâces à distribuer à des
gens de lettres, il y en aurait qui mériteraient de la faveur parmi ceux
à qui vous voulez bien accorder votre protection.

« En général il y a trop de censeurs royaux, ils pourraient être réduits à la moitié; et en choisissant des hommes sages et éclairés il
serait juste de leur donner une rétribution pour leurs peines. Il y en a
actuellement 128, et trente-trois seulement ont une modique pension
de 400 livres.

« On pourrait chercher des moyens d'établir une réforme à cet égard,
et de prendre de nouveaux arrangements, lorsque vos fonctions importantes vous permettront de vous en occuper.

« Je vous supplie, Monseigneur, de me faire parvenir vos ordres sur
les privilèges à renouveler et vos intentions sur les deux que j'ai pris
la liberté de distinguer des autres.

« La discussion du mémoire demande plus de temps, et vous ne
prendrez apparemment un parti à cet égard que lorsque vous l'aurez fait examiner par le Conseil.

« Je suis, avec un profond respect,
« Monseigneur,
« Votre très humble et très obéissant serviteur,
« DE SARTINE. »

Paris, 19 juillet 1764.

§ 14. — ENCORE LES AUTEURS ET LES LIBRAIRES.

Au milieu des conflits que soulevaient les privilèges, il fallut aussi
s'occuper des auteurs. Les libraires firent décider que l'auteur privilégié, qui avait édité lui-même ses œuvres, ne pouvait plus les vendre
dans son domicile, mais qu'il lui fallait faire le dépôt chez un libraire.
C'était une prétention et une jurisprudence contraires à l'article du règlement de la compagnie; cette contradiction avait pour but d'empêcher
une manière de faire qui tendait à prendre une certaine extension et
les privilégiés tenaient à conserver leur monopole dans son entier.

Puis certains auteurs soutinrent que s'ils avaient laissé un libraire
prendre un privilège ils pouvaient, à l'expiration du temps fixé, réclamer
pour eux le droit de publier eux-mêmes leurs œuvres. Ainsi Crébillon
demanda et obtint le privilège d'imprimer ses tragédies et de les vendre.
Son ancien éditeur lui fit un procès, en essayant de montrer que ce qui
créait la propriété ce n'était pas d'avoir fait un écrit, mais bien le fait
d'avoir obtenu le privilège exclusif de le vendre. Cette démonstration

faite avec une certaine ironie était suivie d'une autre tendant à prouver qu'il était de l'intérêt des auteurs que le privilège des éditeurs de leurs œuvres fût perpétuel.

« Tout auteur, disait l'adversaire de Crébillon, se flatte que son ouvrage aura du succès et tout libraire l'espère en s'en chargeant ; mais la confiance de l'un et l'espérance de l'autre ne se bornent pas d'ordinaire

un succès momentané. C'est d'après ces idées trop souvent chimériques que le prix de cet ouvrage est fixé. Si par l'incertitude du renouvellement des privilèges, le libraire ne peut plus compter sur la jouissance perpétuelle de la propriété que lui transmet l'auteur, alors il proportionnera ses offres à la durée du premier privilège, et l'auteur sera forcé de s'en contenter, ou ne trouvera pas à vendre son manuscrit. »

Entre temps d'Hémery avait été chargé de préparer un projet de règlement et de justifier ses propositions par un mémoire spécial. Il se mit au travail et termina son projet peu après avoir donné celui qu'il avai fait sur le mémoire des libraires. Ce rapport est du mois d'août 1764. Il y répétait ce qu'il avait déjà dit, ce sur quoi je ne reviendrai pas. D'ailleurs le grand argument de d'Hémery contre les privilèges perpétuels ne m'a jamais séduit. Ce qui paraissait capital au secrétaire de la librairie était que cette perpétuité priverait le vice-chancelier de la possibilité d'accorder des grâces à des gens à qui il imposerait des conditions. Ce qui signifie que si les privilèges étaient perpétuels, le vice-chancelier n'aurait plus l'occasion d'exiger certaines sommes d'argent que les libraires lui payaient. J'avoue que cet argument m'a toujours paru fort mauvais, et que s'il était seul il ne serait pas fort probant.

Mais ce qui est le plus intéressant, c'est la manière dont le secrétaire de la librairie parle du droit des auteurs. Il m'a paru utile de montrer comment il raisonnait à ce propos. Aujourd'hui que les privilèges des libraires sont hors de cause on voudra connaître comment en 1764 les esprits les plus sérieux comprenaient la propriété littéraire. Je ne prends que les points les plus saillants. D'Hémery disait : « Avant que de proposer les moyens de faire cesser pour toujours les abus qui se sont introduits sur cet article (la continuation des privilèges), il est préalablement indispensable de discuter un droit qui jusqu'à présent n'a point été fixé et qui n'a d'autres limites que le plus ou moins d'intérêt qu'on avait à le négliger et à l'étendre.

« Ce droit est celui que les auteurs prétendent avoir sur leurs ouvrages.

« Ils soutiennent que leur ouvrage leur appartient, non seulement comme une production de leur esprit dont on ne peut leur ôter le mérite et l'honneur, mais aussi comme un bien qu'ils peuvent faire valoir pour leur intérêt aussi longtemps que les occasions et circonstances peuvent s'offrir.

« Qu'en conséquence ils ont droit de le faire imprimer par tel imprimeur qu'ils jugent à propos, en telle forme qu'il leur plaît; d'y faire des changements ou augmentations souvent inutiles ou de peu d'importance, et sous ce prétexte ils redemandent de nouveaux privilèges, multiplient leurs éditions et par l'air de nouveauté qu'ils donnent à la dernière avilissent les précédentes et forcent le public à racheter leurs ouvrages une infinité de fois.

« Ils prétendent avoir la liberté de faire avec les libraires et imprimeurs tels marchés qui leur conviennent; pouvoir vendre leurs manuscrits autant de fois qu'ils peuvent obtenir de privilèges ou (ce qui est une prétention bien plus avantageuse) les leur vendre une seule fois pour toujours, et par ce moyen transporter aux libraires tous les droits qu'ils s'arrogent et qu'on vient de détailler.

« Les libraires et imprimeurs de leur côté se croyant suffisamment autorisés par les marchés de cette dernière espèce, en concluent qu'ils ont le droit d'imprimer et de débiter à l'exclusion de tous autres de leurs confrères les ouvrages ainsi vendus par les auteurs; qu'ils regardent cette possession comme un immeuble qu'ils peuvent substituer à leurs enfants, mais même qu'ils sont en droit de céder, et de substituer à leurs associés.

« Le défaut de règlement sur ce point a rendu toutes les pratiques arbitraires et personnelles. Les intérêts personnels sont devenus la seule règle des conventions entre les libraires et les auteurs et l'intérêt du public qu'on s'est ingénié à tromper en cent manières différentes y a toujours été sacrifié. Il en résulte très souvent des discussions entre les auteurs et les libraires, même entre les libraires, qui ne peuvent être jugées sur aucun principe établi, et qui finissent par de mauvais accommodements, dont les parties se plaignent également avec indécence.

« Il paraîtrait donc nécessaire de donner des bornes à toutes ces prétentions, mais pour les fixer avec égalité il faut remonter à leur origine.

« Avant qu'on eût trouvé l'art d'imprimer, la gloire était le seul prix qu'un auteur se promettait de son ouvrage, le premier manuscrit livré à quelque ami suffisait pour que les copies s'en multipliassent et les copistes seuls en avaient tout le profit [1].

« Ce n'est que depuis qu'on imprime que les auteurs ont tiré de l'argent de leurs manuscrits, soit en les faisant imprimer eux-mêmes et en payant les imprimeurs comme des ouvriers, soit en vendant leurs manuscrits aux imprimeurs qui se chargent des frais de l'impression et des risques du débit.

---

[1] D'Hémery aurait pu remarquer que scribes ou copistes prétendaient à une redevance due par ceux qui reproduisaient les ouvrages dont ils étaient éditeurs.

« Mais si autrefois le premier manuscrit livrait l'ouvrage au public sans retour, aujourd'hui la première édition lui donne une publicité bien plus rapide et plus étendue; il est encore moins possible de l'arrêter; l'ouvrage se répand en peu de jours dans toutes les provinces du royaume; il passe dans les pays étrangers, il y est imprimé, réimprimé, critiqué, traduit, commenté, sans qu'il soit possible de l'empêcher.

« Cette seule raison paraîtrait prouver qu'un auteur n'est dans le cas d'espérer et conséquemment en droit de prétendre une rétribution de son travail, que pour la première fois qu'il le fait imprimer, puisqu'il ne peut empêcher qu'on en fasse des copies ou des éditions étrangères.

« Qu'est-ce donc qu'un droit qui n'est pas fondé sur aucun principe et qui n'est constaté par aucune loi, que ceux qui le prétendent ne peuvent soutenir par aucun moyen et qui s'anéantit par le fait.

« Il faut donc convenir que ce prétendu droit n'est qu'un nom honnête dont on tâche de s'autoriser pour faire revivre de petits profits qu'on ne devra qu'à son industrie et qui seront offerts par des circonstances favorables. Car il s'en faut bien que ce droit qui devrait être général, s'il existait, soit réclamé par tous les auteurs : il en est beaucoup qui en méprisent les avantages et une infinité d'autres qui ne peuvent en profiter, tous ces ouvrages ne se prêtant pas aux manœuvres nécessaires pour raviver le goût du public.

« Il résulte donc de tout ce qu'on vient de dire :

« 1° Que les auteurs ne peuvent vendre leur manuscrit qu'une fois et à un seul libraire, ou ce qui revient au même, n'en faire des éditions à leur profit que pendant le temps prescrit par le privilège qu'ils en auront obtenu.

« 2° Que l'ouvrage appartient au public après l'expiration de ce premier privilège.

« 3° Que M. le vice-chancelier à qui l'intérêt public en cette partie et celui de la librairie sont confiés est le seul juge de la nécessité ou de l'utilité de la réimpression des ouvrages acquis au public, qu'il est le seul en droit de choisir les imprimeurs et les libraires à qui il jugera à propos de permettre de les réimprimer et de les éditer, et que c'est à ses lumières à se produire et à son équité qu'il est réservé de leur imposer des conditions sans lesquelles ces permissions leur seront accordées. »

M. de Sartine mit deux notes au pied du mémoire de d'Hémery. L'une est de la main de son secrétaire et se réfère au travail. L'autre est relative à des affaires intimes. Il disait dans la première :

« Je ne suis point absolument de l'avis de M. d'Hémery pour ce qui concerne les droits des auteurs; ces droits sont sacrés et il y aurait de l'injustice et de la barbarie de les en priver. S'il était question des principes de ce mémoire, il serait aisé de réfuter tout ce qui regarde les auteurs et je suis persuadé que M. d'Hémery serait à la fin de mon avis.

« Je suis très fort du sien pour la conclusion du mémoire et pour tout ce qui a rapport aux libraires. »

Seconde note alors de l'écriture de Sartine : elle pourra servir à l'histoire de sa vie et justifier certaines attaques qui ont été dirigées contre lui.

« Avez-vous pensé un peu à ce vilain marchand de poêles, et à mes lettres de change de Pondichéry? »

« BONJOUR. »

Le lecteur est de l'avis de Sartine sur les droits des auteurs, bien que certains écrivains et notamment Condillac, dans sa logique, aient pensé comme d'Hémery.

Disons un mot de la destinée de cet employé. Il mourut étant encore au service de l'État. Sur ses dernières années, se sentant incapable de remplir sa tâche, il avait envoyé sa démission, disant qu'il n'en restait pas moins à la disposition de ses chefs. Il offrait de conserver, même gratis, une partie de ses attributions sous les ordres de son successeur, ajoutant que, si l'on voulait lui donner mille francs par an, il accepterait avec reconnaissance parce qu'il vivrait trop malaisément sans cela. Sartine lui répondit en lui soumettant la proposition de nommer un sieur Goupil, si d'Hémery agréait de l'avoir pour chef. Quant aux mille francs, ils furent alloués pour être payés au choix de d'Hémery par trimestre ou d'un seul coup. Les égards que témoignent cette lettre pour de longs et loyaux services honorent à la fois celui qui l'a reçue et celui qui l'a écrite.

§ 15. — CONTINUATION DES EFFORTS DES LIBRAIRES.

Les doctrines de d'Hémery avaient été fort approuvées en haut lieu. Le ministère avait été heureux de ce que des arguments lui étaient fournis en faveur de son usage d'accorder des grâces. Quant aux libraires qui s'étaient ligués pour le maintien des privilèges, ils étaient atterrés. Ils furent bien plus touchés encore lorsque tout à coup (le 16 août 1764) le vice-chancelier accorda à Laroche, libraire de Lyon, le droit exclusif de faire tous les livres de liturgie et de piété pour les provinces de Lyonnais, Forez, Beaujolais, Bourgogne, Bresse, Dauphiné, Vivarais, Provence, Languedoc et Guienne. Jamais pareille atteinte n'avait encore été portée à la prétendue propriété littéraire des imprimeurs parisiens. Ils se continrent cependant, car je ne vois pas dans les pièces que j'ai rencontrées qu'il y ait eu de procès à cette occasion, quoique la compagnie se réservât de critiquer ce qui, dans le privilège général de Laroche, pouvait porter nuisance à des privilèges particuliers.

Et puis nos libraires se disaient pauvres. Ils racontaient que n'ayant plus de privilèges perpétuels ils ne pouvaient plus doter leurs filles. Ils l'avaient probablement dit en 1631, quand ils donnaient des millions à Richelieu. En 1765, ils n'osèrent pas offrir ostensiblement somme pareille. Ils ne parlaient que de 200 mille livres pour la reconnaissance et le renouvellement de leurs privilèges. Ils se montraient timides dans leurs offres, et mettaient piteusement en marge de leur pétition que, pour satisfaire à leur engagement, il leur faudrait faire un emprunt, La proposition paraît être demeurée sans effet, et les luttes continuèrent. Sartine, qui ne voulait pas paraître l'ennemi de cette corporation puissante, pria Diderot de lui donner son avis.

Diderot était un homme très intelligent et, en 1765, fort expérimenté ; mais il ne savait pas tout. Il était en relations d'affaires pour l'*Encyclopédie* avec Le Breton, qui avait été le syndic de la corporation des libraires en 1764. Il lui demanda des renseignements. Le Breton ne pouvait faire autrement que de lui remettre le fameux mémoire qu'il avait envoyé et que d'Hémery avait battu en brèche.

L'encyclopédiste prit ce travail, le copia presque servilement ; puis reprenant haleine, il traita avec une remarquable indépendance la question des livres prohibés. Il ne faut pas s'attacher à ce qu'il a écrit sur les privilèges ; les idées ne sont pas les siennes. D'Hémery se contenta de le remarquer par une note ainsi conçue :

M. de Sartine ayant demandé à M. Diderot un mémoire sur la librairie, il lui a donné celui-ci qu'il n'a sûrement composé que d'après leconseil des libraires et des matériaux que M. Le Breton, ex-syndic de la librairie, lui a fournis et dont les principes sont absolument contraires à la bonne administration des privilèges et des grâces dont ils doivent faire partie.

M. Guiffrey a édité le travail de Diderot. Il aurait pu, ayant déjà donné le mémoire de 1764, noter les passages copiés ; il ne la pas fait, ce qui est plus qu'une négligence, car M. Guiffrey semble accorder une originalité à ce document, qu'il nomme d'après le titre qu'il a dans le catalogue de la bibliothèque : *Lettre de Diderot*

Malapert. 5

sur la librairie. M. Tourneux qui vient de publier les œuvres complètes de Diderot a longtemps cherché le manuscrit sur lequel M. Guiffrey avait donné son édition. Après des mois de recherches, on l'a trouvé au n° 14,307 des manuscrits de la Bibliothèque nationale. C'est après cela que l'on a pu l'insérer dans les OEuvres complètes du grand encyclopédiste. Diderot a donc copié servilement le mémoire de 1764, quoique, pour tromper l'œil, il ait souvent changé le premier mot des paragraphes, en mettant un *cependant* à la place d'un *mais* et autres choses semblables. N'oublions pas que Diderot profita de l'occasion pour ajouter des réflexions sur la liberté d'imprimer. Il remarquait que si l'autorité ne permettait pas aux auteurs de publier leurs écrits en France, ils se hâtaient de les envoyer à l'étranger, d'où ils revenaient pour être lus d'autant plus avidement.

Les libraires continuaient à nier les droits des auteurs à publier leurs œuvres. Luneau de Boisjermain résista et soutint un procès contre eux. Son avocat était Linguet qui publia la défense de son client. Un correspondant de Voltaire lui fit tenir les mémoires de Linguet. Le roi des littérateurs du XVIIIe siècle n'hésita pas un instant. Il écrivit à M. Luneau de Boisjermain, à la date du 21 octobre 1769, une lettre dans laquelle nous lisons :

Je ne vois pas qu'on puisse rien ajouter ni répondre au factum de M. Linguet.

Il me paraît que les toiliers, les droguistes, les vergetiers, les menuisiers, les doreurs, n'ont jamais empêché un peintre de vendre son tableau, même avec sa bordure. M. le doyen du parlement de Bourgogne veut bien me vendre tous les ans un peu de son bon vin, sans que les cabaretiers lui aient jamais fait de procès.

Pour les gens de lettres, c'est une autre affaire ; il faut qu'ils soient écrasés, attendu qu'ils ne font pas corps, et qu'ils ne sont que des membres très épars.

Or, les procès continuaient toujours à propos des privilèges et la corporation des libraires y dépensait le plus clair de ses revenus. La veuve Desaint, libraire de Paris, fort privilégiée, se crut victime des contrefaçons des libraires de Lyon ; elle se transporta, en 1773, dans cette ville où elle fit faire des perquisitions et des saisies nombreuses. Il est à noter que la veuve Desaint, l'un des *pauvres* libraires ruinés par le règlement de 1723, était riche de plusieurs millions, tant étaient vraies les allégations des monopoleurs sur leur détresse.

Les libraires de Lyon songèrent à prendre l'initiative d'une guerre sur le fond du droit. Ils portèrent le débat au conseil du

Roi, d'abord par une requête imprimée, signé Flusin, avocat. Ils rappelaient dans leur requête que les auteurs n'avaient pas intérêt à ce que les privilèges fussent perpétuels. Ils plaçaient cette argumentation sous la protection de ce que Furetière avait dit dans son dictionnaire du mot PRIVILÉGE : « Les privilèges du roi pour l'impression des livres sont accordés, afin que l'auteur tire quelque récompense de son travail; mais par l'événement ce n'est qu'au profit du libraire. »

M. de Goncourt prétend que Louis XVI écrivit, le 6 septembre 1776, la lettre suivante : « On ferait bien de s'occuper, le plus tôt possible, des mémoires des [libraires, [tant de Paris que des provinces, sur la propriété des ouvrages et sur la durée des privilèges. J'ai entretenu de cette question plusieurs gens de lettres et il m'a paru que les corps savants l'ont fort à cœur. Elle intéresse un très grand nombre de mes sujets, qui sont dignes à tous égards de ma protection. Le privilège en librairie, nous l'avons reconnu, est une *grâce fondée en justice*; pour un auteur, elle est le prix de son travail; pour un libraire, elle est la garantie de ses avances. Mais la différence du motif doit naturellement régler la différence du privilège. L'auteur doit avoir le pas; et pourvu que le libraire reçoive un avantage proportionné à ses frais et un gain légitime, il ne peut avoir à se plaindre. Louis. » Je n'ai pas vu cette lettre en manuscrit, mais fût-elle d'une écriture toute pareille à celle du roi, je n'en croirais pas mes yeux. C'est une pièce digne d'un chef de bureau et non d'un roi. D'ailleurs elle a pour date 1776 et, alors que le roi pouvait tout, les difficultés n'auraient été tranchées qu'en août 1777. C'est absolument invraisemblable.

La question des privilèges était toujours vivement débattue, car les libraires de Lyon faisaient des démarches incessantes.

Quelle fut la défense des privilégiés? Je ne l'ai pas vue, quoiqu'elle ait dû être fort énergique, puisque les libraires de Lyon crurent utile de la réfuter par un nouveau mémoire imprimé en août 1777 en leur nom et en celui des libraires de Rouen, de Toulouse, de Marseille et de Nîmes. Ce nouveau factum est en 92 pages in-4°, très remplies et très bien exécutées matériellement. Il a 4 pages d'avant-propos, en lettres italiques; enfin il se termine par 26 pages de pièces justificatives. C'est la dernière production avant six arrêts qui furent rendus le 30 du même mois d'août 1777.

Le premier était sur la discipline des compagnons imprimeurs;

Le second établissait deux ventes publiques annuelles pour les livres et les privilèges;

Le troisième fixait ce qui était relatif à la réception des maîtres imprimeurs et libraires;

Le quatrième supprimait ou établissait des chambres syndicales;

Le cinquième traitait des privilèges. Il reconnaissait pour la première fois le droit des auteurs et celui de leurs héritiers.

Le sixième et dernier statuait sur les contrefaçons.

On voit que l'ensemble de ces arrêts formait un code de la librairie et de l'imprimerie. Les privilégiés furent atterrés en voyant prévaloir des idées raisonnables. Puis ils se réveillèrent. Ils adressèrent une requête au roi en son conseil, pour demander l'abrogation des arrêts du 20 août. Leur avocat Cochu avait fait appuyer sa requête par deux consultations, l'une rédigée par six avocats au parlement, la seconde par cinq avocats au conseil. Quinze veuves de libraires, parmi lesquelles se trouvait la très riche dame Desaint, firent aussi leur requête sentimentale, par les soins et sous la signature de leur avocat Lalanne.

En même temps les libraires demandaient que l'on en revînt au règlement de 1723, ce règlement tant et si violemment attaqué par eux en 1726 et en 1764. Ils trouvèrent d'énergiques auxiliaires dans des littérateurs, leurs amis, comme l'abbé Pluquet, ou à leurs gages, comme le fougueux Linguet, qui de leur adversaire s'était fait leur allié, en paraissant défendre son premier sentiment.

Cependant, dès avant les écrits de Pluquet et de Linguet, le monde des lettrés suivait cette affaire avec une sorte d'anxiété; on attendait ce qu'en dirait le parlement, lorsqu'on aurait à y enregistrer ces arrêts. Il y avait en ce temps-là un conseiller appelé Duval d'Eprémesnil [1], qui était mécontent de sa situation et qui cherchait à s'enrichir par des moyens peu compatibles avec ses fonctions. C'était un homme d'un tempérament ardent, comme il y en a peu fort heureusement dans la magistrature. Il saisit, en avril 1778, sa compagnie de la question des privilèges. L'affaire fut successivement renvoyée d'audience en audience et enfin, au mois d'août, l'avocat général Séguier, le fameux adversaire de l'abolition du servage, le plus grand ennemi de toutes les idées libérales, fit un réquisitoire aussi déplorable par la forme que par la pauvreté des idées, tout en concluant à l'enregistrement.

Le plus grand des arguments invoqués contre les arrêts du conseil était qu'ils venaient à l'encontre du règlement de 1723, œuvre

---

[1] C'est le même qui a marqué en 1789. C'était un homme sans principes. Il a avoué ne s'être mis de l'opposition, que parce qu'il n'avait pas été nommé l'un des commissaires de la Compagnie des Indes.

du chancelier d'Aguesseau. On abritait ainsi, sous le nom de ce magistrat illustre, des prétentions qu'il aurait certainement condamnées. L'invocation de ce prétendu souvenir était si fortement accentuée que le vulgaire la répétait, sans chercher ce qu'elle avait de vrai. MM. Laboulaye et Guiffrey ont fait comme les autres fauteurs des privilèges; mais les jurisconsultes sérieux n'ont jamais ajouté foi à ces bruits mis en avant dans un débat passionné. Ainsi le Dictionnaire de Jurisprudence de l'Encyclopédie méthodique ne croyait pas à l'intervention de d'Aguesseau. Il s'en explique au mot *Privilège*.

Le 8 août 1720, presque au lendemain du jour où d'Aguesseau était devenu chancelier, l'université avait obtenu pour 50 ans le privilège d'imprimer tous les livres à l'usage des basses classes et tous les livres de piété. L'université avait eu le tort de se faire donner l'autorisation de céder son droit à un libraire, et le tort plus grand d'user de la permission. De là naquit un procès devant le conseil du roi. On fit comprendre à l'université qu'elle ne pouvait prétendre aux monopoles qu'elle avait cédés. Son cessionnaire, Coffin, déclara qu'il ferait ce que l'on voudrait. En conséquence, le 13 septembre 1721, un arrêt du conseil, enregistrant la transaction intervenue entre les parties, décida que le privilège de l'université serait réputé simple permission. Cependant on élaborait un règlement sur la librairie et l'imprimerie. S'il y a un règlement de d'Aguesseau, c'est celui-là; il porte la date du 10 décembre 1720, et parut comme déclaration du roi. Le 19 du même mois de décembre cette déclaration fut adressée au parlement avec la lettre de Jussion que voici :

DE PAR LE Roi,

Nous vous envoyons sur l'avis de notre très cher et très aimé oncle duc d'Orléans, régent, notre déclaration portant règlement pour les imprimeurs et libraires de Paris, à l'enregistrement de laquelle nous vous mandons de procéder, si n'y faites faute car tel est notre bon plaisir. Donné à Paris, le 19 décembre 1720.

Cette lettre de Jussion est à sa date dans les registres manuscrits des arrêts du parlement de la Bibliothèque des avocats de Paris. L'enregistrement n'eut pas lieu, évidemment parce qu'il y eut des oppositions de la part des libraires. Cette déclaration de 1720 a-t-elle été imprimée? Je l'ignore. Elle ne se trouve pas, ou du moins on n'a pu la trouver à la Bibliothèque nationale, si riche, et si bien administrée, aux Archives ou à la Chancellerie. Les registres manuscrits du bureau de la librairie en font à peine mention; les difficultés que l'on y souleva contre son adoption auraient tenu à d'autres questions qu'à celle de la propriété littéraire Après un certain temps les libraires présentèrent leur projet, qui fut en 1723 accepté par le gouvernement. D'Héricry affirme en plusieurs endroits que l'édit de 1723 a été l'œuvre des privilégiés; et certes il n'y a pas lieu de douter de sa parole. L'absence de toute note sur ce sujet dans les OEuvres de d'Aguesseau serait déjà un démenti donné à ceux qui disent que le projet était de lui, quand il est certain que l'illustre chancelier ne participait point à l'administration depuis plus d'un an, avant la date de cet édit.

L'économie de l'arrêt de 1777, relatif aux privilèges, était très simple. Les libraires pouvaient en obtenir pour des livres nouveaux. La durée n'en pouvait jamais être moindre de dix ans; elle devait être réglée dans les lettres-patentes; ceux à qui cette concession était faite en jouissaient pendant le temps fixé, et même pendant toute la vie de l'auteur, s'il survivait à ce temps.

Tous les libraires et imprimeurs pouvaient, après l'expiration du privilège d'un ouvrage et la mort de son auteur, obtenir la permission d'en faire une édition, sans que la même permission accordée à un ou plusieurs pût empêcher aucun autre d'en obtenir de semblables.

Les auteurs qui prenaient un privilège en leur nom avaient le droit de vendre leurs ouvrages chez eux, sans pouvoir, sous aucun prétexte, vendre ou négocier d'autres livres. Le privilège accordé aux auteurs leur était concédé pour eux et leurs hoirs à perpétuité. Mais cette durée était réduite à celle de leur existence, s'ils cédaient leurs droits à un libraire. L'Académie française, qui acceptait la nouvelle législation, crut devoir faire observer que la rédaction de l'arrêt sur les privilèges empêcherait les auteurs de mettre leurs livres en vente chez des libraires, ce qui serait fort nuisible à leurs intérêts. Le gouvernement le comprit. Un nouvel arrêt du 30 juillet 1778 décida que les auteurs pourraient faire vendre leurs ouvrages chez tel libraire qu'ils choisiraient, sans que les conditions faites à cette occasion pussent être réputées cession de privilège.

Telles étaient les dispositions contre lesquelles s'élevaient les résistances des libraires et de leurs défenseurs, et que l'avocat général Séguier semblait aussi accepter avec répugnance. Quelques partisans de la liberté du commerce répondirent aux manifestes payés qui avaient attaqué les arrêts du conseil.

Tout semblait terminé, lorsqu'en 1787, les riches libraires de Paris exposèrent encore une fois dans un mémoire qu'ils étaient ruinés, que leur compagnie était perdue depuis les arrêts de 1777. Mais ce qui est le comble de l'audace après les mémoires de 1720 et de 1764, ils ajoutaient encore, en demandant le retour à l'édit de 1723 : « Il est l'ouvrage de d'Aguesseau; l'expérience de plus d'un demi-siècle en avait démontré l'utilité et la sagesse [1]. »

MM. Laboulaye et Guiffrey ont reproduit ce mémoire en l'approuvant très fort, en répétant que l'édit de 1723 était l'œuvre de d'Aguesseau. Il y a des gens dont la conscience admet les pompeux éloges et les violentes diatribes sur le même sujet.

Or les doléances contenues dans les mémoires de 1726, de 1764 et de 1787 sont tellement contradictoires, que tout homme de sens est frappé, à première vue, des attaques autrefois dirigées contre le réglement de 1723, et de l'éloge qu'on en faisait après les arrêts de 1777.

Il est certain que les privilèges avaient été dès longtemps accaparés par les libraires, formés en sociétés. Les membres de ces compagnies appartenaient au plus riche commerce. Ils tenaient le haut du pavé avec les fermiers généraux. Ces quelques libraires avaient des fortunes énormes. Ils fabriquaient les livres les plus usuels et les vendaient au prix qu'ils déterminaient, gagnant sur chaque exemplaire la somme qu'il leur convenait de prélever sur les acheteurs. Les petits libraires de Paris, les libraires de province étaient dans la misère. Le monopole montrait d'ailleurs avec cynisme les plaies qu'il apporta toujours : l'extorsion et la mauvaise fabrication. Les livres étaient déplorablement faits. Si l'on prend, par exemple, les ouvrages imprimés au commencement du xviii° siècle, en vertu du privilège du duc de la Feuillade, on sera scandalisé par la mauvaise qualité du papier et la mauvaise impression.

Les arrêts du conseil de 1777 ranimaient la verve des artistes. L'une des plus honorables maisons de Paris, celle de MM. Didot, entreprenait alors la belle édition des classiques à l'usage du Dauphin. Elle préludait ainsi à la réforme de la typographie due à MM. Pierre et Ambroise Didot, dont les noms glorieux sont inscrits dans les fastes de l'art, à côté de ceux des Alde, des Barbou, des Estienne et de tous nos grands imprimeurs. Les éditions faites par les Didot pour nos premières expositions ont été, sont, et seront toujours admirées. Elles ont été entreprises et exécutées sous le régime de la libre concurrence. Que le monopole nous montre de pareils chefs-d'œuvre, et nous nous empresserons de leur rendre hommage.

---

[1] Je ne crois pas que cette phrase se soit trouvée dans le mémoire original. J'en ai vu une copie dans laquelle on ne la lit pas. Une affirmation de cette espèce aurait été trop compromettante, si on l'eût faite devant l'autorité. (Voir les manuscrits d'Anisson-Duperron.)

§ 16. — La révolution et la loi de 1793.

Ouvrez maintenant l'immense recueil des cahiers dressés pour les états généraux et cherchez quelle était l'opinion du pays. Presque toutes les assemblées électorales se sont expliquées et il n'en est pas une, même à Paris, qui ait osé réclamer le maintien des privilèges exclusifs. Partout on en demanda l'abolition. Ils furent détruits par les déclarations de la fameuse nuit du 4 août 1789. Mais bientôt arrivèrent des réclamations de la part de la Société des inventeurs et l'on fit la loi du 7 janvier 1791, qui créa les brevets d'invention en matière d'industrie. Puis on examina la revendication que faisaient les auteurs d'avoir seuls le droit de publier leurs œuvres. L'Assemblée nationale et l'Assemblée législative n'eurent pas le temps de s'en occuper. La Convention fut saisie d'un projet de décret dont les motifs ont été donnés en ces termes par Lakanal :

« De toutes les propriétés, la moins susceptible de contestation, celle dont l'accroissement ne peut blesser ni l'égalité républicaine, ni donner d'ombrage à la liberté, c'est sans contredit celle des productions du génie, et si quelque chose doit étonner, c'est qu'il ait fallu reconnaître cette propriété, assurer son libre exercice par une loi positive ; c'est qu'une aussi grande révolution que la nôtre ait été nécessaire pour nous ramener sur ce point, comme sur tant d'autres, aux simples éléments de la justice la plus commune. Le génie a-t-il ordonné, dans le silence, un ouvrage qui recule les bornes des connaissances humaines, des pirates littéraires s'en emparent aussitôt, et l'auteur ne marche à l'immortalité qu'à travers les horreurs de la misère. Et ses enfants..... Citoyens, la postérité du grand Corneille s'est éteinte dans la misère !..... L'impression peut d'autant moins faire des productions d'un écrivain une propriété publique, dans le sens où les corsaires littéraires l'entendent, que l'exercice utile de la propriété de l'auteur ne pouvant se faire que par ce moyen, il s'ensuivrait qu'il ne pourrait en user, sans la perdre à l'instant même. Par quelle fatalité faudrait-il que l'homme de génie, qui consacre ses veilles à l'instruction de ses concitoyens, n'eût à se promettre qu'une gloire stérile, et ne pût revendiquer le tribut légitime d'un si noble travail ? C'est après une délibération réfléchie que votre comité vous propose de consacrer des dispositions législatives qui forment en quelque sorte la déclaration des droits du génie. »

M. Guiffrey a dit que le rapport de Lakanal était écrit dans le style à fanfares alors à la mode. Est-ce une critique? Est-ce un éloge? En tout cas c'est une manière de parler qui présente un sens douteux et louche. La manière d'écrire reflète nos pensées, et qui ne veut pas être clair, jette des ombres sur ce qu'il dit.

La Convention, par une loi qui porte la double date des 19-24 juillet 1793, décida que les auteurs auraient le droit exclusif de reproduire leurs ouvrages pendant leur vie. Elle concéda ce même droit à leurs héritiers pendant dix ans depuis la mort des auteurs.

C'était assez.

Une durée plus longue n'a aucun effet sur le prix d'un écrit, soit en faveur de celui qui l'a fait, soit en faveur de ses héritiers. L'expérience, supérieure à tous les raisonnements, l'a prouvé d'une manière surabondante. Cette longue durée, contraire à la liberté du commerce, est absolument condamnée par le droit qui appartient à chacun de travailler suivant ses forces. Elle est enfin contraire au progrès des lettres, des sciences et des arts.

Mais disent les auteurs, nous avons la propriété de nos œuvres et nous voulons être seuls pour en faire ou en autoriser des copies.

CONCLUSION.

Personne ne conteste le droit des écrivains à être propriétaires de leurs productions. Tant qu'Homère a gardé pour lui les aventures d'Ulysse, personne ne pouvait le forcer à les écrire. Le jour où le poète, passant dans un village, y a chanté Pénélope ou la belle Nausicaa, ceux qui avaient entendu ces légendes pouvaient les répéter. S'il était quelqu'un qui fût doué d'une belle voix, le soir une guirlande de jeunes hommes et de jeunes femmes se réunissait autour de lui pour écouter les vers harmonieux, dans lesquels Homère a décrit le voyage de la fille d'Alcinoüs à la rivière, ses jeux avec ses compagnes, sa rencontre avec le protégé de Minerve et son retour au palais paternel. Si quelqu'un encore de ce village avait appris l'art d'écrire, il aura retracé ces vers pour en garder le souvenir. Il en aura même fait des copies en échange desquelles il aura pu recevoir les offrandes de ses compatriotes et amis, ou même le prix qu'un étranger lui aura compté en argent.

Je sais que les vers d'Homère sont parvenus jusqu'à nous, et je n'ai point entendu dire qu'ils nous soient ainsi venus parce qu'ils ont été protégés par un privilège exclusif au profit de l'auteur.

Autres exemples : Platon a acheté le travail du pythagoricien Philolaüs. C'était un de ces écrits remplis d'un mysticisme poétique et vague sur les destinées de l'homme après sa mort. Philolaüs avait vendu son manuscrit la somme énorme, pour le temps, de dix mille deniers ; Platon le prit, lui donna une nouvelle forme, et nous a légué son Timée, sans même nous avertir de la source où il a puisé. Jamais Philolaüs n'a revendiqué le droit de faire de nouvelles éditions de son livre. Aristote, après la mort de Speusippe, acheta trois talents (18,000 fr.), des œuvres composées par ce philosophe. Il a fait de ces manuscrits l'emploi qu'il a voulu; on a reconnu qu'Aristote avait bien fait. Beaucoup de plaidoyers préparés par Démosthènes ou Cicéron ne sont pas venus jusqu'à nous; ceux qui les avaient payés n'ont pas voulu qu'ils fussent reproduits; le droit des auteurs avait fini avec le payement qu'ils avaient reçu. Quand une œuvre était vendue, l'acheteur avait le droit d'en disposer à sa volonté, de la copier ou de l'anéantir. Ainsi, disait l'Université en 1275, le libraire ne pouvait refuser de vendre le livre qu'il avait à son étalage, même à celui qui l'achetait pour le copier. Il est vrai que cet acheteur devait donner caution qu'il payerait la somme fixée par les règlements, mais cette somme n'était point affectée au droit des auteurs; c'était une sorte de redevance qui était due au libraire vendeur et non à l'écrivain.

Les imprimeurs arrivèrent et jetèrent dans le monde des masses de produits. Puis, effrayés de leur audace et craignant de n'avoir pas assez d'acheteurs, ils demandèrent un privilège, grâce auquel ils seraient sans concurrents pendant quelques années, afin d'avoir une vente qui les fît rentrer dans leurs dépenses. Ce privilège durerait juste le temps indispensable pour rentrer dans des déboursés; deux ans au plus demandait Erasme. C'est la source de cette faveur. Le pape, l'empereur, les rois, les princes, cédant aux sollicitations, concédèrent donc des privilèges, droits exclusifs qui protégeaient l'éditeur des ordonnances royales, des classiques latins et grecs, des livres des écoles et des ouvrages de piété. Et voilà que ces privilèges, si humbles dans leurs débuts, grandirent tout à coup. Les possesseurs de ces faveurs royales affirmèrent qu'ils avaient le droit indiscutable de les garder perpétuellement, qu'elles eussent été données pour des livres d'église à un cardinal duc, qui n'y avait pas travaillé, ou pour des livres de droit, à un duc, lieutenant général, absolument étranger à l'étude des lois. Tout dérivant du privilège, on faisait litière des réclamations des auteurs. Il faut arriver à Malesherbes et à Sartine, c'est à dire à l'année 1704, pour voir que l'on commence à comprendre la différence qu'il faut mettre entre l'auteur et le libraire.

Si le rapide coup d'œil qui précède est la fidèle image du passé, il faut dire que beaucoup de traits sont communs à notre pratique actuelle. On vend aujourd'hui son travail, par exemple, comme on le faisait du temps de Platon. Qui donc fait les dictionnaires, les encyclopédies? Soit le dictionnaire de M. Littré, celui de M. Larousse, le Répertoire du journal du palais, le Recueil alphabétique de MM. Dalloz, etc., etc. Ce sont des collaborateurs qui, guidés par les maîtres, ont exécuté ce qui leur a été commandé. Ainsi ont fait Armand Carrel, Armand Marrast, pour l'ancien *National*, MM. Bertin pour les *Débats*, etc.

L'écrivain propriétaire de son œuvre peut donc la céder sans en garder la moindre part. Elle est à lui comme sa maison et son champ. Ce qui n'est pas à lui, c'est l'œil, la main, la voix, la mémoire des autres.

Vous aviez un terrain, vous l'avez divisé pour l'employer de diverses manières. Ici vous avez planté des arbres fruitiers que vous avez greffés; par là, vous avez mis une vigne dont les branches se marient au tronc d'un ormeau; d'autre part, je vois des blés, des orges, des prairies, des récoltes variées. Ces richesses s'étalent aux regards des passants et excitent les désirs de ceux qui les voient. En conséquence, j'ai acheté l'autre moitié de cette terre. Je l'ai divisée comme vous l'avez fait pour la vôtre; j'ai mis là, à votre exemple, mes poiriers, mon ormeau, ma vigne, mon pré, mon champ, et comme vous je greffe les arbres et les arbrisseaux; comme vous je presse les raisins; même, je vous prierai de venir goûter mon vin pour savoir s'il vaut celui de votre crû.

Et votre maison, elle est sur le bord du canal, j'y ai mis la mienne; la nuit, sous

Cette obscure clarté qui tombe des étoiles,

j'y veille à mon balcon comme vous au vôtre, ou comme vous, enfermé sous un moustiquaire, je cherche à m'endormir et j'entends, lorsqu'il passe sous mes fenêtres, le gondolier qui chante comme au temps de Desdémone. Ma chambre est pareille à la vôtre. J'ai, d'après votre exemple, réuni des objets qui sont les souvenirs des drames et des poèmes. Sur ce siége est le mouchoir avec lequel Jago a rendu le maure fou furieux; dans cette alcôve, est l'oreiller avec lequel le malheureux Othello a étouffé sa victime, moins à plaindre que lui. Tenez, j'ai une harpe pareille à la vôtre. Attendez; Desdémone va venir et nous répéter la romance du saule.

: J'ai le droit de façonner ma terre, de bâtir ma maison, de meubler mon intérieur suivant mes goûts; et s'il me plaît, je puis avec les nobles ruinés de l'Italie ouvrir mes portes et recevoir les visiteurs qui payeront. Je le ferai même après vous avoir vu me précéder dans cette voie. Je suis propriétaire de ma maison comme je le serai d'un livre. Empêcher de copier votre culture, de copier votre livre, ce n'est pas sanctionner votre droit, c'est vous donner la faveur de dominer l'esprit et le corps d'autrui. On vous concède par ce privilège la faculté de porter atteinte à la liberté des autres.

Le faut-il ? Oui, je le veux, ou pour mieux dire, j'y consens. Mais je veux que le temps de l'exercice de votre monopole soit court; vous, vous voudriez qu'il fût perpétuel. Je dis que ce n'est pas votre droit. Ensuite qu'y gagneriez-vous ? Les éditeurs n'acceptent guère l'achat d'un manuscrit que si on le leur vend avec toutes les conséquences. Votre propriété, si on vous l'accordait, s'en irait chez Barbin et ses héritiers; elle ne servirait de rien aux petites filles de Lafontaine, à la petite nièce de Corneille. Les éditeurs ne payeront pas un centime de plus le droit qui finira dix ans après vous que celui qui sera perpétuel. J'ajoute que les éditeurs, chargés de propriétés sur propriétés, de volumes sur volumes, seront par la nature des choses bientôt obligés de refuser de nouveaux ouvrages. Il faudra, pour forcer leur volonté, de ces réputations éclatantes qui viennent aux hommes sur la fin de leurs ans. Il en est beaucoup qui, ayant écrit jeunes, attendront en mourant de faim les derniers jours de leur vieillesse pour avoir un éditeur. Mais si les œuvres anciennes tombent rapidement dans le domaine public, les libraires feront du nouveau afin d'avoir des livres au courant des découvertes quotidiennes. Alors si vous faites des ouvrages sérieux vous serez assurés de trouver qui les imprimera.

Aujourd'hui le libraire achète votre manuscrit; puis il cliche les pages. Les critiques arrivent et montrent des erreurs; vous voulez les corriger. C'est tout au plus si votre acquéreur le souffrira, quand vous ne demanderez pas la rétribution de vos peines. Si vous demandez une rémunération vous serez éconduit. Toute bonne maison a ses ravaudeurs à gages, travaillant au rabais. Ils sont employés chacun à une spécialité, sont au courant de tout et ajouteront sans vous la théorie que vous avez omise. Telle sera la réponse de votre éditeur à qui vous aurez cédé une longue propriété. Mais si la durée de ses droits est courte, il faudra qu'il vende avant qu'un autre donne une œuvre préférable; alors il vous priera lui-même de faire des corrections et des additions. Il ne reculera devant aucune dépense pour que le livre soit digne de vous et vendable. L'édition améliorée s'écoulera rapidement; l'éditeur réalisera promptement son bénéfice et vous, vous aurez été bien payé ! Tant il est vrai que les monopoles sont mauvais même pour ceux qui en profitent et qu'au contraire la liberté est toujours bonne.

Un exemple est là qui devrait frapper tous les esprits, c'est le luxe avec lequel on édite les grands écrivains classiques. On a fait bien, on fait mieux, on fera très bien. C'est l'effet de la concurrence.

Voyez encore que les libraires en viennent à avoir tant de livres qu'ils ne veulent plus vendre ceux de leurs concurrents. Ainsi vous demandez à l'éditeur B un livre de l'éditeur A, vous aurez à discuter avec lui sur la préférence que vous accordez à votre auteur au lieu de la donner au sien. N'est-ce pas, vous dira-t-il, la même chose que de lire Racine ou Pradon?

A part les rares œuvres de pure imagination, dont la forme est tout, prenez les livres scientifiques et supposez que tous ont de longs privilèges. Il en est dont le mérite est réel, par exemple le dictionnaire de M. Littré que j'ai déjà mentionné. Certainement il s'agit là d'une entreprise bien conçue et généralement bien exécutée. Et pourtant, il n'y a pour ainsi dire pas de pages dans lesquelles on ne puisse signaler des erreurs, par omission, ou par fausse détermination du sens des mots. Cette publication a occasionné de grands frais, les éditeurs ont montré pour elle un enthousiasme proportionné à leurs dépenses. Ils ont réussi comme ils l'avaient prévu. Aussi ils en ont clichéles pages parce qu'ils auront des tirages nombreux. Cette prévision et ce soin sont peut-être de prudentes précautions pour se dispenser de renouveler des dépenses déjà faites. Mais le cliché rend les corrections fort coûteuses. Ne parlez pas dans de telles conditions de faire une édition nouvelle. Elle est longtemps impossible. Et cependant tout le monde vous dit que rien n'est plus facile que de faire un meilleur dictionnaire en se servant de celui-là et d'éléments nouveaux. Déjà même beaucoup de gens en ont parlé et se sont dit qu'ils seraient prêts s'ils avaient un éditeur. Ils n'en ont pas eu, du moins peu en ont trouvé, beaucoup n'en auront pas. Supposons qu'un dictionnaire dépasse d'un quart ou de moitié celui de M. Littré, il faudra le vendre en conséquence; mais grâce aux clichés, le libraire de leur prédécesseur pourra baisser ses prix et livrer pour quarante francs ce qui au début de la publication en valait cent vingt.

Si dix ans après M. Littré, son œuvre devait tomber dans le domaine public, nous n'aurions pas à craindre ces fameux clichés, qui permettent de donner les produits de l'imprimerie au prix du papier blanc. L'éditeur corrigerait le livre, le mettrait au niveau de la science, sinon il verrait s'élever des concurrents redoutables. Pourquoi dans l'état des choses l'auteur s'occuperait-il d'améliorer un ouvrage dont le débit est certain ; il n'a pas besoin de s'en donner le souci. Il fait d'abord des suppléments. Quand les clichés sont usés, une seconde édition se prépare, en attendant on se contente d'avoir les suites.

Les longs privilèges contraires aux lois naturelles sur la liberté du travail sont donc aussi contraires à l'intérêt des auteurs qu'ils le sont à celui des éditeurs et au progrès des sciences.

Ajoutons qu'à part l'intérêt de venir en aide à un littérateur, il n'y a rien qui puisse légitimer l'atteinte faite aux droits du travailleur. L'auteur n'est pas propriétaire du droit d'empêcher une reproduction. Il se trompe quand il affiche cette prétention. La démonstration de cette vérité n'est pas difficile à faire.

Tout d'abord il faut s'entendre sur le sens des mots. Qu'est-ce qu'être propriétaire d'une chose? C'est, n'est-il pas vrai, avoir le droit d'en user et d'en disposer en se conformant aux lois. Disposer d'une chose, c'est pouvoir l'anéantir. Or j'ai acheté votre livre, vous ne pouvez m'empêcher d'en user, vous ne pouvez plus anéantir mon exemplaire ; vous n'en disposez pas. Vous n'êtes donc pas propriétaire de cet exemplaire et vous ne l'êtes plus de ce qu'il contient.

L'auteur qui a donné au public la connaissance de ses œuvres, lui a en même temps accordé le droit d'en jouir et d'en disposer, pourvu qu'il ne gêne pas la jouissance et la disposition qu'un autre peut en faire. Mais vous me nuisez, s'écrie l'auteur, en jouant ma pièce de théâtre. Pardon, je ne vous nuis pas. Vous lisez mal, vous récitez plus mal encore ; je vous rends service en vous conquérant des admirateurs. Puis vous êtes au loin où vous récitez à vos auditeurs ce que je dis ici à des amis, des voisins venus auprès de moi pour vous applaudir. Dites donc le vrai mot : vous entendez lier les mains des autres afin d'avoir le monopole d'une reproduction.

Je le répète, je comprends que ce monopole vous soit accordé pendant votre vie, parce qu'il arrive que les vieillards se repentent d'avoir été jeunes et énergiques ; parce qu'ils veulent souvent dans leurs vieux ans détruire le souvenir de leur ancienne vaillance. Soit, j'aurai pitié de ces faiblesses et je vous accorderai le droit de m'empêcher pendant votre vie de publier votre œuvre afin qu'elle n'apparaisse jamais sans les corrections qu'il vous plaira d'y faire. Mais la raison de votre monopole disparaîtra le jour de votre décès. Alors il ne restera rien qui nous oblige à nous gêner pour vous.

Et les enfants, dit Lakanal !

J'entends bien et voici ma réponse. Lorsque le seigneur féoda. avait combattu l'ennemi, il levait des impôts sur le pays voisin pour s'indemniser de ses peines et faire panser ses blessures. Puis il léguait à ses enfants le droit de faire la levée de ces dîmes. Comme la postérité de ce noble n'avait pas rendu les mêmes services que lui, on a refusé en 1789 de lui payer ce qu'elle n'avait pas gagné. L'abolition des droits féodaux a été juste : il ne faut pas rétablir les MAJORATS.

Il y a solidarité entre les générations présentes et les générations passées, comme avec celles de l'avenir. Aucun de nous n'est rien par lui-même ; ceux qui sont grands à cause de leurs œuvres, le doivent aux piédestaux que l'humanité dresse pour accentuer sa marche à travers les siècles. O vous qui avez produit des travaux sérieux, et remarqués, soyez modestes dans vos triomphes. Il y a peu de vous dans vos chefs-d'œuvre. Si vous enlevez de vos écrits ce que vous devez à vos devanciers, vous aurez un trop mince bagage, pour vous croire quelque chose, songez y bien.

Soyez donc justes et reconnaissants pour vos ancêtres et généreux pour la postérité.

Paris. — Imprimerie A. PARENT, A. DAVY, Sr, rue Monsieur-le-Prince, 31.